APROVECHAR LA REVOLUCIÓN DE LA IA

Desvelar los secretos ocultos del aprendizaje automático

Alejandro Luz

CONTENIDO

INTRODUCCIÓN

En el ámbito de la ciencia y la tecnología, las revoluciones no se caracterizan por agitaciones en las calles, clamores de cambio o la caída de monarquías. Más bien se cuelan en nuestras vidas, alterando sutilmente el tejido de nuestra realidad hasta que un día somos incapaces de recordar cómo era la vida antes de ellas. Los albores de la revolución de la inteligencia artificial (IA) han sido exactamente así: silenciosos, constantes y, sin embargo, abrumadoramente transformadores.

La inteligencia artificial, una idea que surgió de las mentes de visionarios y escritores de ficción, ha impregnado ya todos los aspectos de nuestra vida cotidiana. Desde los teléfonos inteligentes y los asistentes de voz hasta los vehículos autónomos, los diagnósticos sanitarios e incluso nuestros hábitos de compra, la influencia de la IA lo abarca todo. Aunque el viaje de la IA del concepto a la realidad ha sido largo, el ritmo al que evoluciona señala el comienzo de una nueva era.

Pero, ¿en qué consiste exactamente esta revolución? ¿Qué la diferencia de las revoluciones tecnológicas anteriores? La revolución de la IA se caracteriza por la transición de sistemas estáticos y programados a otros dinámicos y de aprendizaje. Este cambio ha modificado radicalmente la relación entre humanos y máquinas, abriendo nuevas posibilidades y desafiando las normas establecidas.

En el centro de esta revolución se encuentra un subconjunto específico de la IA conocido como aprendizaje automático, que permite a las máquinas aprender de los datos, adaptarse a nuevas entradas y realizar tareas similares a las humanas. Desde el reconocimiento del habla hasta el diagnóstico de enfermedades más rápido que los profesionales de la medicina, los algoritmos de aprendizaje automático están impulsando la revolución de la IA.

Sin embargo, ahora que nos encontramos al borde de esta nueva era, es vital no sólo centrarse en el extraordinario potencial de la tecnología, sino también reconocer sus retos asociados y sus implicaciones éticas. Las cuestiones relativas a la privacidad, el desplazamiento de puestos de trabajo e incluso las amenazas a nuestra seguridad deben abordarse con tanto vigor como el propio desarrollo de la tecnología.

En los capítulos siguientes, profundizaremos en el mundo de la IA y el aprendizaje automático, explorando sus orígenes, su impacto en diversas industrias y sus efectos globales. También le proporcionaremos una guía práctica para navegar por el panorama de la IA, asegurándonos de que está preparado para este nuevo futuro impulsado por la IA.

La revolución de la IA está a punto de llegar y su impacto será probablemente tan importante como el de las revoluciones industriales del pasado. Pero a diferencia de esas revoluciones, que se produjeron a lo largo de varias décadas, la revolución de la IA se está desarrollando a un ritmo exponencial. No es sólo un cambio en la tecnología, es un cambio en nuestro mundo, y todos formamos parte de él. Sumerjámonos en ella y descubramos los secretos de la revolución de la IA.

CAPÍTULO 1: EL AUGE DE LA IA

Al entrar en una nueva era de innovación y desarrollo, un término que resuena por igual en los pasillos de las industrias tecnológicas, los institutos de investigación científica y los foros económicos mundiales es "Inteligencia Artificial", o más comúnmente conocida como "IA". Es un campo emergente que ya ha empezado a remodelar nuestro mundo, prometiendo revolucionar todas las facetas de nuestras vidas, desde la forma en que trabajamos hasta cómo interactuamos con la tecnología. Sin embargo, antes de adentrarnos en este viaje revolucionario, es esencial sentar unas bases sólidas y comprender qué es realmente la IA y cómo funciona.

La Inteligencia Artificial, en su sentido más fundamental, consiste en simular procesos de inteligencia humana en máquinas, especialmente sistemas informáticos. Estos procesos incluyen la adquisición y aplicación de conocimientos, el razonamiento mediante procesos de pensamiento estructurados, la capacidad de resolución de problemas y la capacidad de comprender ideas complejas. Además, la IA engloba la capacidad de una máquina para percibir su entorno y adaptarse para alcanzar objetivos específicos, reflejando las funciones cognitivas que los humanos asocian con otras mentes humanas.

Pero la IA es algo más que una imitación de la inteligencia y el comportamiento humanos. Se trata de crear algoritmos avanzados que permitan a los ordenadores aprender de sus experiencias, tomar decisiones y crecer con el tiempo. No se trata sólo de automatizar tareas rutinarias. Incluye procesos complejos como la comprensión del lenguaje natural, el reconocimiento de patrones y elementos visuales, e incluso tareas creativas como componer música o escribir. Esta capacidad de aprendizaje y adaptación diferencia a la IA de la programación informática tradicional y la sitúa a la vanguardia del avance tecnológico.

Al hablar de IA, es fundamental entender la diferencia entre IA restringida e IA general. La IA restringida, a menudo denominada IA débil, es un sistema de IA diseñado y entrenado para una tarea concreta. Algunos ejemplos son los sistemas de recomendación como los utilizados por Amazon o Netflix, los sistemas de reconocimiento de voz como Siri y Alexa, e incluso los vehículos autónomos. Estos sistemas operan bajo un conjunto limitado de restricciones y están adaptados a tareas específicas. No pueden operar más allá de sus parámetros preprogramados o manejar tareas para las que no fueron específicamente programados.

Por el contrario, la Inteligencia Artificial General (IAG), o IA fuerte, posee la capacidad de comprender, aprender y aplicar conocimientos en una amplia gama de tareas a un nivel igual o superior al de un ser humano. Implica la capacidad de una máquina para razonar, resolver enigmas, emitir juicios en condiciones de incertidumbre, planificar y aprender de la experiencia. El desarrollo de la inteligencia artificial es el objetivo último de muchos investigadores de la IA, pero a pesar de los importantes avances, sigue perteneciendo en gran medida al ámbito de la ciencia ficción.

Un elemento fundamental de la IA es la capacidad de las máquinas para aprender de la experiencia. Para ello se utilizan algoritmos complejos que pueden procesar y analizar grandes cantidades de datos, identificar patrones y hacer predicciones basadas en este análisis. Esto es lo que se conoce como aprendizaje automático, un subconjunto crítico de la IA que exploraremos en profundidad más adelante. Estos algoritmos permiten a la IA aprender y mejorar a partir de la experiencia, perfeccionando sus operaciones y mejorando su eficiencia con el tiempo.

Este proceso depende de los datos, la materia prima que alimenta la IA. Cuantos más datos de alta calidad tenga acceso un sistema de IA, más podrá aprender y más precisas serán sus predicciones y decisiones. Estos datos pueden proceder de diversas fuentes, como interacciones digitales, sensores y registros de transacciones, por nombrar sólo algunas.

Al continuar nuestra exploración del mundo de la IA, conoceremos sus múltiples aplicaciones, profundizaremos en su historia y debatiremos sobre su futuro potencial. Examinaremos las implicaciones económicas de la IA, su papel en la sociedad y sus consideraciones éticas. La IA está llamada a redefinir el mundo tal y como lo conocemos.

Por tanto, entender la IA no es sólo comprender un concepto tecnológico, sino apreciar un cambio de paradigma que está transformando nuestras sociedades y economías. A medida que avancemos en este mundo impulsado por la IA, nuestro viaje consistirá tanto en entendernos a nosotros mismos y a nuestras sociedades como en entender la tecnología que los está cambiando. Y este es el apasionante viaje que nos espera en los próximos capítulos, así que embarquémonos en esta exploración del fascinante mundo de la Inteligencia Artificial.

La Inteligencia Artificial, como campo de estudio científico, puede parecer un fenómeno reciente, pero sus raíces conceptuales se remontan a los anales de la historia de la humanidad. Hoy en día, cuando somos testigos de las profundas repercusiones de la IA en la sociedad y lidiamos con sus implicaciones futuras, una comprensión más profunda de su evolución de la teoría a la realidad ofrece una perspectiva inestimable.

Aunque las historias y leyendas sobre autómatas y seres artificiales se remontan a las civilizaciones antiguas, la búsqueda científica sistemática de la IA no comenzó hasta mediados del siglo XX. Sin embargo, las raíces intelectuales de la IA se plantaron mucho antes, en la época de los filósofos de la Ilustración y los inventores ingeniosos.

Durante los siglos XVII y XVIII, los avances en matemáticas, lógica e ingeniería mecánica llevaron a filósofos como René Descartes y Gottfried Leibniz a contemplar la idea de una máquina capaz de razonar. La invención de máquinas programables, como el telar de Jacquard en el siglo XIX, supuso el primer paso para convertir estas teorías filosóficas en una realidad tangible. Sin embargo, el campo de la IA tal y como lo conocemos hoy empezó a tomar forma realmente durante las décadas de 1940 y 1950. La creación del ordenador digital encendió la imaginación científica sobre máquinas que emulan el pensamiento humano. Durante este periodo, el matemático y lógico británico Alan Turing propuso el concepto de una "máquina universal" que pudiera simular cualquier intelecto humano, una idea que marcó un hito en la historia de la IA.

El término "Inteligencia Artificial" se acuñó oficialmente en la Conferencia de Dartmouth de 1956, que suele considerarse el nacimiento de la IA como campo de estudio. Los pioneros de esta conferencia, entre ellos John McCarthy, Marvin Minsky, Allen Newell y Herbert Simon, sentaron las bases de la investigación en IA, centrándose en la resolución de problemas, los métodos simbólicos y los sistemas basados en reglas.

En las décadas siguientes se vivieron periodos de optimismo y desilusión, con estallidos de progreso seguidos de "inviernos de IA", durante los cuales la financiación y el interés por el campo disminuyeron debido a las expectativas infladas y a los retos técnicos. Sin embargo, en estos periodos también se produjeron avances significativos, como la creación de sistemas expertos basados en reglas, el desarrollo del concepto de aprendizaje automático y la exploración de las redes neuronales.

El cambio de siglo marcó una fase de transformación en la evolución de la IA, impulsada por la explosión de datos digitales y los avances en potencia de cálculo y almacenamiento. El desarrollo de algoritmos de aprendizaje automático, el advenimiento del aprendizaje profundo y el éxito de los sistemas de IA en tareas como el reconocimiento del habla, la clasificación de imágenes y los juegos marcaron la transición de la IA como una posibilidad teórica a una realidad práctica.

Hoy en día, la evolución de la IA continúa a un ritmo sin precedentes, impulsada por los datos generados por miles de millones de dispositivos conectados y el auge de la computación cuántica. A medida que avanzamos hacia una era en la que la IA está cada vez más integrada en nuestra vida cotidiana, comprender su evolución de la teoría a la realidad nos ofrece una perspectiva crítica. Este contexto histórico puede ayudarnos a anticipar futuros desarrollos, sortear retos y aprovechar las oportunidades que presenta esta extraordinaria tecnología.

A medida que avancemos en nuestra exploración de la IA, los próximos capítulos profundizarán en los actores clave que impulsan la revolución de la IA, el impacto económico de la IA, su papel en la sociedad, las implicaciones éticas y las perspectivas globales sobre la IA. Permanezca atento a nuestro viaje por el fascinante mundo de la Inteligencia Artificial.

En el drama de la revolución de la IA, el escenario está poblado por un amplio abanico de protagonistas, cada uno de los cuales desempeña un papel crucial en el avance de la narración. Varían en tamaño, influencia y motivos, pero juntos están esculpiendo la historia de la IA de la que hoy formamos parte.

Las empresas multinacionales han surgido como los alquimistas modernos de la IA, canalizando recursos sustanciales en el crisol de la investigación y el desarrollo de la IA. Gigantes de la tecnología como Google, Amazon, Microsoft y Facebook se han convertido en sinónimo de innovación en IA. Sus aplicaciones de IA de vanguardia impregnan varios aspectos de la vida, desde chatbots que pueden ayudar con las consultas de los clientes hasta sistemas avanzados de recomendación que personalizan el contenido que se sirve a los usuarios. Respaldadas por su colosal potencia informática, sus vastas bases de usuarios y su abundante capital, estas empresas se han convertido en los motores de la revolución de la IA.

Por otro lado, las empresas emergentes de todo el mundo aportan una nueva perspectiva y agilidad a la escena del desarrollo de la IA. Estas empresas, aunque de menor escala, a menudo son capaces de especializarse en áreas nicho de la IA, produciendo soluciones innovadoras que alteran los modelos de negocio y las industrias tradicionales. Son los inconformistas de la revolución de la IA, ágiles y adaptables, que a menudo traspasan los límites y se atreven a explorar los potenciales sin explotar de la IA.

Por otro lado, las instituciones académicas desempeñan un papel vital en el avance de los conocimientos teóricos sobre IA y en el fomento de la próxima generación de investigadores y profesionales de la IA. Universidades como Stanford, el MIT y Oxford no se limitan a enseñar IA, sino que contribuyen activamente a su evolución a través de la investigación. Aquí se conciben nuevos conceptos, se desarrollan algoritmos innovadores y se debaten enérgicamente las implicaciones éticas de la IA.

Los gobiernos y los organismos reguladores también ocupan posiciones clave en la revolución de la IA. Son los guardianes del interés público, responsables de guiar el desarrollo y el despliegue de la IA de forma que se equilibre la innovación con el bienestar de la sociedad. Establecen las políticas, normas y reglamentos que rigen el uso de la IA, al tiempo que invierten en infraestructuras, investigación y educación para cultivar un próspero ecosistema de IA.

En el juego de alto riesgo de la IA, otros actores importantes son las organizaciones sin ánimo de lucro, los grupos de reflexión y los organismos internacionales. Estas entidades se centran a menudo en las implicaciones sociales y éticas de la IA, abogan por prácticas de IA responsables e impulsan el diálogo sobre el impacto de la IA en la sociedad.

Juntos, estos actores clave configuran el panorama de la revolución de la IA. Construyen y navegan por la compleja interacción entre la innovación tecnológica, las fuerzas del mercado, las necesidades sociales y las consideraciones éticas. Sus acciones y decisiones seguirán influyendo en la trayectoria de la evolución de la IA, configurando nuestro futuro colectivo de manera profunda.

A medida que profundicemos en el mundo de la IA en los próximos capítulos, exploraremos cómo influyen estos actores clave en el impacto económico de la IA, su papel en la sociedad, los retos éticos que plantea y las distintas perspectivas sobre la IA en todo el mundo. Siga con nosotros mientras navegamos por el laberinto de complejidades y contradicciones de la IA en nuestra exploración continuada de esta fascinante revolución tecnológica. El impacto económico de la Inteligencia Artificial es profundo y, a medida que esta revolucionaria tecnología sigue evolucionando, también lo hace su influencia en la economía mundial. Desde la automatización de tareas rutinarias hasta la transformación de industrias enteras, la IA está remodelando el panorama económico de formas significativas y variadas.

En esencia, el impacto económico de la IA es doble: mejora de la productividad e impulso de la innovación. Las mejoras en la productividad surgen de la automatización y el aumento. La automatización implica que las máquinas realicen tareas que antes hacían los humanos, como ensamblar productos en una fábrica o procesar datos en una oficina. Por otro lado, el aumento ayuda a los trabajadores humanos, haciéndolos más eficaces y eficientes. Un ejemplo es un sistema de diagnóstico por IA que ayuda a los médicos a analizar imágenes médicas, acelerando el diagnóstico y mejorando la precisión.

Además, la IA impulsa la innovación creando nuevos productos, servicios y modelos de negocio. Los servicios impulsados por la IA, como las recomendaciones personalizadas en plataformas en línea, los asistentes virtuales activados por voz y los vehículos autónomos, son prueba de ello. Estas innovaciones impulsadas por la IA no sólo crean nuevos mercados, sino que también mejoran la experiencia del cliente, abren nuevas fuentes de ingresos y proporcionan a las empresas una ventaja competitiva.

Sin embargo, el impacto económico de la IA no es universalmente beneficioso ni se distribuye uniformemente. Plantea retos importantes, sobre todo en los ámbitos del desplazamiento de puestos de trabajo y la desigualdad de ingresos. El potencial de automatización de la IA ha suscitado preocupación por la pérdida generalizada de puestos de trabajo, siendo los trabajos rutinarios y repetitivos los que corren mayor riesgo. Aunque la IA puede crear nuevos puestos de trabajo, es probable que éstos requieran competencias diferentes, lo que exigiría esfuerzos de reciclaje y educación a gran escala.

Del mismo modo, los beneficios económicos de la IA podrían

exacerbar la desigualdad de ingresos. Las empresas que puedan aprovechar la IA de forma eficaz podrán hacerse con una parte significativa del valor creado, lo que podría conducir a una mayor concentración de la riqueza. Además, los países con capacidades avanzadas de IA podrían superar a otros, ampliando la brecha económica mundial.

Comprender estos retos es crucial para formular políticas y estrategias que promuevan el crecimiento económico inclusivo en la era de la IA. Hay que dar prioridad a la educación y al desarrollo de competencias para preparar a la mano de obra para una economía impulsada por la IA. Las políticas deben fomentar la innovación y, al mismo tiempo, abordar las implicaciones sociales de la IA, como el desplazamiento de puestos de trabajo y la desigualdad de ingresos.

Mientras tanto, las empresas deben adoptar estratégicamente la IA para seguir siendo competitivas. Invertir en capacidades de IA, desarrollar una mano de obra preparada para la IA y fomentar una cultura centrada en la IA son claves para aprovechar el potencial económico de la IA. Las empresas que aprovechan con éxito el poder de la IA pueden mejorar la eficiencia operativa, innovar en sus ofertas de productos y servicios e impulsar el compromiso y la fidelidad de los clientes, todo lo cual contribuye al crecimiento de los resultados.

También es importante que las empresas tengan en cuenta los aspectos éticos de la adopción de la IA, incluidas las cuestiones relacionadas con la privacidad, la parcialidad y la transparencia. La incorporación de consideraciones éticas en las estrategias de IA no sólo mitigará los riesgos, sino que también generará confianza entre los clientes y las partes interesadas, lo que es fundamental en la economía digital.

En general, el impacto económico de la IA es transformador y ofrece un inmenso potencial, al tiempo que plantea importantes retos. A medida que avancemos en nuestra exploración de la IA en los próximos capítulos, profundizaremos en sus implicaciones sociales, en las consideraciones éticas y en cómo las diferentes regiones del mundo están navegando por la revolución de la IA.

El próximo viaje a través del reino de la IA promete ser tan intrigante como esclarecedor. El próximo discurso no sólo diseccionará el papel social de la IA, sino que también se sumergirá en las turbias aguas éticas que la evolución de la IA ha agitado. Además, viajaremos por todo el mundo para observar cómo las distintas naciones perciben, adoptan y se adaptan a la revolución de la IA. Siga atento a nuestra exploración del fascinante mundo de la Inteligencia Artificial.

El impacto de la Inteligencia Artificial va más allá del ámbito económico. El papel que la IA desempeña en la sociedad en general es cada vez más prominente y multifacético, presentando una serie de oportunidades y desafíos que están dando forma a nuestro futuro colectivo.

La IA está penetrando cada vez más en diversos sectores de la sociedad, alterando drásticamente nuestra forma de vivir, trabajar e interactuar. Desde la sanidad y la educación hasta el transporte y el ocio, la influencia de la IA es amplia y creciente. Tiene el potencial de mejorar nuestras capacidades, agilizar nuestras actividades cotidianas y abordar algunos de los problemas más acuciantes de nuestro tiempo, como el cambio climático, la predicción de brotes de enfermedades y la reducción de la pobreza.

En sanidad, la IA está ayudando a revolucionar el diagnóstico y el tratamiento. Los algoritmos de aprendizaje automático pueden analizar grandes cantidades de datos médicos e identificar patrones que los humanos podrían pasar por alto, mejorando así la precisión del diagnóstico y la eficacia del tratamiento. El análisis predictivo puede prever brotes de enfermedades, permitiendo intervenciones oportunas. La medicina personalizada, adaptada a la composición genética y al estilo de vida de cada persona, se está haciendo realidad gracias a la IA.

En la educación, la IA está transformando las experiencias y los resultados del aprendizaje. Los sistemas de tutoría inteligente pueden adaptarse a las necesidades del alumno y ofrecerle una enseñanza y una retroalimentación personalizadas. La IA también puede ayudar a identificar las dificultades de aprendizaje en una fase temprana, facilitando una intervención oportuna. A nivel sistémico, la IA puede analizar los datos educativos para fundamentar las decisiones políticas e impulsar mejoras.

El transporte es otro sector que está siendo transformado por la IA, con la llegada de los vehículos autónomos y los sistemas inteligentes de gestión del tráfico. Estas tecnologías prometen mejorar la seguridad, la eficiencia y la sostenibilidad del transporte. Del mismo modo, en la industria del entretenimiento, la IA está remodelando la creación y el consumo de contenidos, desde la música y el arte generados por IA hasta las recomendaciones de contenidos personalizadas.

Sin embargo, el papel social de la IA no está exento de dificultades. A medida que los sistemas de IA se vuelven más omnipresentes y autónomos, plantean cuestiones complejas relacionadas con la privacidad, la seguridad y la ética. La recogida y el análisis de datos impulsados por la IA pueden vulnerar la intimidad y dar lugar a un posible uso indebido de los datos personales. A medida que los sistemas de IA toman más decisiones, las cuestiones de transparencia, responsabilidad e imparcialidad adquieren mayor relevancia.

El auge de la IA también genera trastornos sociales. El posible desplazamiento de puestos de trabajo por la automatización y la necesidad de nuevas habilidades en una sociedad impulsada por la IA pueden conducir a la desigualdad social y al malestar si no se gestionan eficazmente. La brecha digital podría ampliarse, dejando atrás a quienes carecen de acceso a la tecnología de la IA.

Abordar estos retos requiere un enfoque colaborativo, integrador y con visión de futuro. Los responsables políticos, los tecnólogos, las empresas, los educadores y la sociedad en general deben trabajar juntos para dar forma al desarrollo y despliegue de la IA. Un elemento clave para ello es fomentar la alfabetización y las competencias en materia de IA entre el público y los responsables de la toma de decisiones, permitiendo un diálogo informado y la toma de decisiones sobre la IA.

La ética y la gobernanza deben estar a la vanguardia del desarrollo y el uso de la IA. Esto incluye el desarrollo de directrices éticas para la IA, la aplicación de marcos sólidos de gobernanza de la IA y el fomento de una cultura de responsabilidad y transparencia entre los desarrolladores y usuarios de la IA. En las próximas secciones, profundizaremos en las implicaciones éticas de la IA y exploraremos las perspectivas globales sobre la IA. También destacaremos varias estrategias e iniciativas que se están llevando a cabo para abordar los retos y aprovechar las oportunidades de la IA en la sociedad. El viaje a través del mundo de la IA continúa, prometiendo ideas y provocando preguntas que darán forma a nuestra comprensión de esta tecnología transformadora y su papel en la sociedad.

A medida que los sistemas de IA ganan autonomía e influencia, las consideraciones éticas adquieren cada vez más importancia. Las implicaciones éticas de la IA son complejas y polifacéticas, e implican un conjunto diverso de cuestiones como la privacidad, la equidad, la responsabilidad y la transparencia. Navegar por estas aguas éticas es crucial para garantizar que las tecnologías de IA beneficien a la sociedad minimizando los daños.

La privacidad es una de las principales preocupaciones éticas de la IA, sobre todo debido a la gran cantidad de datos que contienen muchas de sus tecnologías. Los sistemas de IA a menudo se basan en grandes cantidades de datos personales, lo que puede conducir a la invasión de la privacidad si no se gestiona adecuadamente. Esto se hace aún más pertinente con la capacidad de la IA para extraer inferencias de los datos, revelando potencialmente información sensible que no se proporcionó explícitamente. Las medidas estrictas de protección de datos, las políticas de datos transparentes y el control del usuario sobre los datos personales son algunas formas de abordar esta cuestión.

La equidad en la IA es otra cuestión ética importante. Los sistemas de IA pueden perpetuar o exacerbar inadvertidamente los prejuicios presentes en los datos con los que se entrenan, dando lugar a resultados discriminatorios. Un ejemplo es una herramienta de contratación de IA que favorece a determinados grupos demográficos debido a sesgos en los datos históricos de contratación. Garantizar la equidad en la IA requiere un tratamiento cuidadoso de los datos, pruebas rigurosas para detectar sesgos y una supervisión continua de los sistemas de IA en funcionamiento.

La responsabilidad es una consideración ética crítica a medida que los sistemas de IA se vuelven más autónomos. Determinar la responsabilidad de las decisiones tomadas por los sistemas de IA puede ser difícil, especialmente cuando estos sistemas son complejos y sus procesos de toma de decisiones son opacos. Esto subraya la necesidad de mecanismos sólidos de rendición de cuentas en la IA, como la asignación clara de responsabilidades, la documentación exhaustiva de los sistemas de IA y los mecanismos de reparación en caso de daño.

La transparencia, o la capacidad de comprender cómo funciona y toma decisiones un sistema de IA, es otra cuestión ética crucial. Muchos sistemas de IA, en particular los basados en el aprendizaje profundo, a menudo se consideran "cajas negras" debido a su naturaleza compleja y opaca. Esto puede socavar la confianza en la IA y plantear desafíos para la rendición de cuentas. Los esfuerzos hacia una IA explicable, cuyo objetivo es hacer que los procesos de toma de decisiones de la IA sean comprensibles para los humanos, son clave para abordar este problema.

Además de estas cuestiones, las implicaciones éticas de la IA se extienden a ámbitos como el desplazamiento de puestos de trabajo debido a la automatización, el uso de la IA en la vigilancia y el armamento, y el potencial de la IA para ser utilizada en la manipulación de la opinión pública y la difusión de información errónea. Cada uno de estos ámbitos implica difíciles equilibrios éticos y plantea retos para la gobernanza.

Abordar las implicaciones éticas de la IA implica a una amplia gama de partes interesadas, incluidos los desarrolladores de IA, los usuarios, los reguladores y la sociedad en general. Esto requiere una colaboración multidisciplinar, la participación del público y un diálogo permanente para comprender y abordar los problemas éticos. También es necesaria una cultura ética en el desarrollo y el uso de la IA, guiada por principios como el respeto de los derechos humanos, la beneficencia, la no maleficencia y la justicia.

En la parte final de este capítulo, exploraremos las perspectivas globales sobre la IA, destacando las diversas formas en que las diferentes regiones están navegando por la revolución de la IA, incluidos sus enfoques para abordar sus implicaciones éticas. Esto enriquecerá aún más nuestra comprensión del panorama de la IA y arrojará luz sobre las respuestas globales a esta tecnología transformadora.

La revolución de la IA no se limita a una sola ubicación geográfica; es un fenómeno global. En todo el mundo, las naciones están respondiendo a la llegada de la IA de diversas maneras, en función de sus contextos socioeconómicos, capacidades tecnológicas y políticas. Esta perspectiva global de la IA pone de relieve las diversas oportunidades, retos y enfoques asociados a la IA y nos ayuda a comprender su impacto mundial y las formas en que puede aprovecharse para el bien global.

En Estados Unidos, a menudo considerado el epicentro del desarrollo de la IA, se hace especial hincapié en la innovación y las aplicaciones comerciales. Con gigantes tecnológicos como Google, Amazon y Facebook a la cabeza, Estados Unidos ha estado a la vanguardia de los avances en tecnologías de IA. En este país, la IA se ha aplicado de forma generalizada en diversos sectores, desde la sanidad y las finanzas hasta el comercio minorista y el entretenimiento. Sin embargo, Estados Unidos también se enfrenta a problemas acuciantes en torno a la privacidad de los datos, la equidad y el desplazamiento de puestos de trabajo provocado por la IA, lo que lleva a un debate permanente sobre la ética y la regulación de la IA.

Al otro lado del mundo, China se está convirtiendo en un actor importante en el panorama de la IA. Con su vasta población y su infraestructura digital, China es un centro neurálgico de datos masivos, lo que proporciona una ventaja significativa en la formación de modelos de IA. El fuerte apoyo del gobierno chino a la investigación y el desarrollo de la IA, combinado con sus gigantes tecnológicos como Baidu, Alibaba y Tencent, está impulsando el rápido avance de la IA en el país. Sin embargo, el uso de la IA para la vigilancia y el control social en China ha planteado serias preocupaciones éticas, suscitando debates sobre la IA y los derechos humanos.

En Europa, el enfoque de la IA está marcado por un fuerte énfasis en la ética y la regulación. La Unión Europea ha sido proactiva a la hora de establecer normativas exhaustivas para la IA, centrándose en la transparencia, la responsabilidad y la privacidad. El énfasis de Europa en la "IA centrada en el ser humano" subraya su compromiso de garantizar que la IA sirva a los intereses de las personas y respete los derechos fundamentales. A pesar del sólido marco regulador, Europa también se enfrenta al reto de fomentar la innovación y la competitividad en la IA en medio de normas estrictas.

En África, el discurso en torno a la IA es prometedor y potencial. Aunque el continente va a la zaga en términos de investigación y desarrollo de la IA, cada vez se reconoce más su potencial para abordar los retos específicos de África. Desde la predicción de sequías y la gestión de la conservación de la vida salvaje hasta la mejora de la asistencia sanitaria y la inclusión financiera, la IA se considera una herramienta para el desarrollo y el bien social. Sin embargo, problemas como la brecha digital, la privacidad de los datos y la falta de competencias e infraestructuras de IA son retos clave que deben abordarse.

CAPÍTULO 2: DESCUBRIENDO EL APRENDIZAJE AUTOMÁTICO

El aprendizaje automático (AA), un pilar clave de la Inteligencia Artificial, ha impregnado casi todas las facetas de la vida moderna, influyendo en la forma en que trabajamos, nos comunicamos, aprendemos y tomamos decisiones. Es un campo dinámico que está cambiando la faz de la tecnología y la sociedad tal y como la conocemos. Pero para comprender realmente su impacto, primero tenemos que entender los principios básicos que sustentan el aprendizaje automático.

En esencia, el aprendizaje automático consiste en enseñar a las máquinas a aprender de los datos. Este concepto puede parecer simple, pero tiene profundas implicaciones. Un enfoque de programación tradicional requiere que los humanos codifiquen explícitamente cada una de las reglas que debe seguir la máquina. Esto resulta poco práctico e incluso imposible cuando se trata de tareas complejas como el reconocimiento de voz, la clasificación de imágenes o la predicción de tendencias de mercado. En cambio, el aprendizaje automático permite a los ordenadores encontrar por sí mismos estas reglas y patrones, aprendiendo directamente de los datos.

¿Cómo lo consigue? La respuesta está en su capacidad para mejorar el rendimiento en una tarea determinada a lo largo del tiempo, sin estar explícitamente programado para ello. Esto es posible gracias a los algoritmos de aprendizaje automático, que son esencialmente conjuntos de instrucciones que permiten a las máquinas aprender de los datos. Estos algoritmos pueden analizar grandes cantidades de datos, encontrar patrones en ellos y utilizarlos para hacer predicciones o tomar decisiones.

El proceso de aprendizaje en el aprendizaje automático suele implicar tres pasos clave: entrenamiento, validación y prueba. Durante el entrenamiento, un modelo se expone a un gran conjunto de datos y aprende a hacer predicciones o tomar decisiones basándose en ellos. Por ejemplo, un modelo podría entrenarse para identificar correos electrónicos basura analizando un conjunto de datos de correos etiquetados como "basura" o "no basura". El modelo aprendería a reconocer patrones y características en los correos electrónicos de spam, como ciertas frases, la frecuencia de mayúsculas o direcciones de correo electrónico específicas.

Una vez entrenado el modelo, se pasa a la fase de validación. Consiste en ajustar los parámetros del modelo para mejorar su rendimiento, utilizando un conjunto de datos distinto. Las predicciones del modelo se comparan con los resultados reales y se realizan ajustes para minimizar la diferencia entre ambos.

Por último, el rendimiento del modelo se evalúa en la fase de prueba, utilizando otro conjunto de datos. En esta fase se evalúa hasta qué punto el modelo puede generalizar su aprendizaje a datos nuevos y desconocidos. Los resultados de esta evaluación ayudan a determinar si el modelo está listo para su aplicación en el mundo real o si es necesario seguir entrenándolo y validándolo.

Hay varios factores que influyen en el rendimiento de un modelo de aprendizaje automático. La calidad y la cantidad de los datos con los que se entrena son de vital importancia. Cuantos más datos de alta calidad reciba el modelo, mejor podrá aprender y más precisas serán sus predicciones o decisiones.

La elección del algoritmo de aprendizaje automático también desempeña un papel importante. Los distintos algoritmos se adaptan a distintos tipos de tareas y datos. Por ejemplo, los algoritmos de árboles de decisión pueden ser eficaces para tareas de clasificación, mientras que las redes neuronales destacan en tareas que implican patrones complejos y relaciones no lineales.

Además, los recursos informáticos disponibles para entrenar el modelo también pueden influir en su rendimiento. El entrenamiento de modelos complejos de aprendizaje automático puede ser intensivo desde el punto de vista informático y requerir un hardware potente y un software eficiente.

Sin embargo, es fundamental recordar que el aprendizaje automático no consiste en que las máquinas aprendan del mismo modo que los humanos. Aunque el objetivo es crear sistemas que puedan mejorar su rendimiento con el tiempo, estos sistemas no poseen una conciencia o un entendimiento similares a los humanos. Son herramientas creadas por humanos, diseñadas para aprender de los datos y ayudarnos en nuestras tareas.

A medida que avancemos en este capítulo, profundizaremos en los distintos tipos de aprendizaje automático, exploraremos aplicaciones del mundo real, debatiremos el papel de los datos, ofreceremos una visión general de los algoritmos de aprendizaje automático y examinaremos los últimos avances en este campo. También separaremos el bombo de la realidad, arrojando luz sobre las promesas y los escollos del aprendizaje automático en nuestro mundo moderno.

El aprendizaje automático, una rama de la inteligencia artificial, es tan complejo como revolucionario. Es un vasto universo en continua expansión, evolución y superación de los límites de lo que creíamos que podían hacer las máquinas. Esta complejidad proviene de la variedad de enfoques que ofrece para aprender de los datos, que pueden clasificarse principalmente en tres tipos distintos: Aprendizaje supervisado, aprendizaje no supervisado y aprendizaje por refuerzo.

El aprendizaje supervisado es el paradigma en el que piensa la mayoría de la gente cuando oye hablar por primera vez de aprendizaje automático. Es un método tan sencillo como potente. En este enfoque, empezamos con un conjunto de datos que contiene tanto los datos de entrada como las correspondientes respuestas correctas, o etiquetas. El objetivo es desarrollar un modelo que pueda asignar las entradas dadas a sus salidas correctas. Esencialmente, entrenamos el modelo con respuestas correctas, utilizando estos pares conocidos de entrada y salida para ajustar los parámetros del modelo hasta que pueda vincularlos con precisión. Es como si un alumno aprendiera bajo la dirección de un profesor que le proporcionara las preguntas y las respuestas correctas.

Por otro lado, el aprendizaje no supervisado sigue un camino diferente, en el que no se proporciona una "respuesta correcta". En este caso, el modelo recibe conjuntos de datos sin los correspondientes valores de salida o etiquetas. El algoritmo de aprendizaje se encarga de descubrir la estructura inherente de los datos, identificar patrones y darles sentido por sí mismo. Este enfoque puede compararse con el proceso de aprendizaje de un idioma por inmersión. Nadie te explica explícitamente las reglas, pero poco a poco empiezas a entender los patrones y la estructura a medida que te expones a más lenguaje.

El aprendizaje por refuerzo se abre camino en el panorama del aprendizaje automático. En lugar de aprender de un conjunto fijo de datos, el modelo de aprendizaje, o "agente", interactúa con un entorno. Toma decisiones, realiza acciones y recibe retroalimentación. Esta retroalimentación, en forma de recompensas o castigos, guía el proceso de aprendizaje. El objetivo del agente es descubrir la mejor estrategia, llamada política, para acumular la mayor cantidad de recompensas a lo largo del tiempo. Es como aprender un juego jugando. No hay una respuesta fija, pero se aprende qué acciones tienden a producir una mayor puntuación y, con el tiempo, se mejora en el juego.

La belleza de estos enfoques radica en su amplia gama de aplicaciones. Desde el filtro de spam de su correo electrónico hasta el sistema de recomendación de su sitio favorito de compras en línea, los algoritmos de aprendizaje automático operan entre bastidores, haciendo su vida más fácil y personalizada. A medida que continuemos este viaje por el fascinante mundo del aprendizaje automático, profundizaremos en cada tipo y exploraremos con más detalle sus puntos fuertes, sus puntos débiles y sus aplicaciones únicas. Comprender estos tipos no sólo es esencial para quienes trabajan en este campo, sino también para cualquier persona que interactúe con el mundo actual, cargado de tecnología. Cuanto mejor comprendamos cómo aprenden y toman decisiones estos sistemas, más eficazmente podremos utilizarlos para mejorar nuestras vidas.

Cuando te levantas por la mañana, tu altavoz inteligente transmite tu música favorita. Mientras corre por su barrio, su reloj inteligente registra su ritmo cardíaco y las calorías quemadas. Cuando vuelves a casa, encuentras recomendaciones personalizadas de compras y películas en tu smartphone. Todos estos ejemplos ilustran la integración del aprendizaje automático en nuestra vida cotidiana.

Embarquémonos en un viaje para comprender cómo el aprendizaje automático ha cambiado la faz de la vida cotidiana, aplicación por aplicación.

Las plataformas de redes sociales son las compañeras digitales diarias de muchas personas en todo el mundo. El aprendizaje automático impulsa los algoritmos de recomendación que sugieren qué amigos añadir, qué publicaciones ver y qué productos comprar basándose en el comportamiento anterior y en los datos de interacción del usuario.

La sanidad es otro sector importante en el que el aprendizaje automático ha avanzado mucho. Los algoritmos de aprendizaje automático se utilizan para predecir enfermedades, ofrecer tratamientos personalizados y mejorar la atención al paciente. Mediante el análisis de historiales médicos e información genética, el aprendizaje automático puede incluso predecir la susceptibilidad de un paciente a ciertas enfermedades, ofreciendo la posibilidad de una atención preventiva.

Las instituciones financieras también aprovechan las capacidades predictivas del aprendizaje automático para identificar transacciones fraudulentas mediante el reconocimiento de anomalías en el comportamiento de gasto. Las estrategias de negociación algorítmica se basan en algoritmos de aprendizaje automático para predecir las tendencias del mercado de valores y ejecutar operaciones en los momentos óptimos.

Los sitios web de comercio electrónico emplean el aprendizaje automático para ofrecer experiencias de compra personalizadas. Los comportamientos de los clientes, los historiales de compra y los atributos de los artículos se utilizan para recomendar productos que es probable que un cliente compre. El aprendizaje automático puede incluso optimizar las estrategias de precios y la gestión de inventarios de las empresas.

En el sector del entretenimiento, los servicios de streaming utilizan el aprendizaje automático para analizar los hábitos de visualización, las preferencias y el historial de navegación con el fin de recomendar programas de televisión, películas y música que puedan gustar a los usuarios. Esta personalización mejora la experiencia del usuario y aumenta el compromiso con la plataforma.

El aprendizaje automático también ha revolucionado el transporte y la logística. Los algoritmos pueden predecir las mejores rutas para evitar el tráfico, optimizar las rutas de reparto y predecir la hora estimada de llegada. Los vehículos autónomos dependen en gran medida del aprendizaje automático para interpretar los datos de los sensores, tomar decisiones y navegar por las carreteras de forma segura.

Las aplicaciones del aprendizaje automático en la vida cotidiana son innumerables y cada vez mayores. A medida que interactuamos cada vez más con la tecnología, el aprendizaje automático sigue aprendiendo de nuestros datos, mejorando sus predicciones y decisiones, haciendo nuestra vida más cómoda, eficiente y personalizada. Esto es sólo la punta del iceberg; con los continuos avances tecnológicos, sólo podemos imaginar lo integrado que estará el aprendizaje automático en nuestras vidas futuras.

En el mundo del aprendizaje automático, los datos son el ingrediente fundamental, la materia prima que alimenta el algoritmo de aprendizaje. Proporcionan la base sobre la que se construyen y refinan los modelos de aprendizaje automático. Pero, ¿por qué son tan importantes los datos y cómo contribuyen exactamente al aprendizaje automático?

En esencia, el aprendizaje automático consiste en extraer

conocimientos de los datos. Es un proceso que comienza con la alimentación de datos a un algoritmo, que aprende patrones existentes en los datos, y aplica este conocimiento aprendido para tomar decisiones informadas. Todo este proceso es similar al aprendizaje humano. Por ejemplo, cuando un niño aprende a identificar objetos, se le presentan numerosos ejemplos (datos) hasta que es capaz de distinguirlos.

En el aprendizaje automático, los datos se presentan de muchas formas, desde datos numéricos estructurados en bases de datos tradicionales hasta datos de texto, imágenes, audio e incluso datos no estructurados de la web. Cada tipo de dato tiene sus características únicas y requiere métodos específicos para manejarlo.

Consideremos la forma en que los modelos de aprendizaje automático "ven" una imagen. La imagen se descompone en una serie de valores de píxeles, lo que básicamente convierte una fotografía en un conjunto de datos numéricos de alta dimensión. Un algoritmo de aprendizaje automático utiliza estos datos para aprender patrones -como formas, texturas y colores- que le ayudan a clasificar imágenes o detectar objetos en ellas.

Los datos de texto, en cambio, requieren un enfoque diferente. Un modelo de aprendizaje automático no entiende el texto como nosotros. Lo ve como una secuencia de símbolos. Para convertir el texto en una forma de la que los algoritmos puedan aprender, utilizamos técnicas como la tokenización, el stemming y la vectorización.

Los datos numéricos, como los financieros o los de los sensores, suelen ser más fáciles de manejar para los modelos de aprendizaje automático. Los modelos pueden aprender directamente de esos datos sin necesidad de un preprocesamiento exhaustivo. Sin embargo, incluso los datos numéricos pueden requerir limpieza, escalado o transformación para ser utilizados eficazmente en un modelo de aprendizaje automático.

En última instancia, la calidad de los datos tiene un impacto significativo en el rendimiento de un modelo de aprendizaje automático. Los datos de calidad deben ser representativos, diversos y no estar sesgados. Deben cubrir una amplia gama de escenarios que el modelo pueda encontrar en aplicaciones del mundo real. Los datos de calidad también deben estar libres de ruido, valores atípicos o incorrectos, que pueden distorsionar lo que aprende el modelo de aprendizaje automático.

Los datos no son sólo el principio del proceso de aprendizaje automático, sino que se entrelazan en todas las fases, desde el preprocesamiento y la formación del modelo hasta la validación y las pruebas. Como dice el refrán, "basura entra, basura sale". Si la calidad de los datos es mala, el rendimiento del modelo de aprendizaje automático también lo será, por muy bueno que sea el algoritmo. Por lo tanto, comprender el papel de los datos en el aprendizaje automático es crucial para aprovechar el poder de esta tecnología transformadora.

Al igual que un artesano tiene una caja de herramientas llena de diferentes utensilios, cada uno de los cuales sirve para un propósito único, el campo del aprendizaje automático está repleto de una gran variedad de algoritmos, cada uno con sus puntos fuertes, sus puntos débiles y sus mejores casos de uso. Este capítulo pretende ofrecer una visión general de algunos algoritmos comunes de aprendizaje automático y sus aplicaciones.

La regresión lineal es un algoritmo sencillo pero eficaz de la categoría de aprendizaje supervisado, que se utiliza principalmente para predecir valores numéricos; por ejemplo, para predecir el precio de una vivienda basándose en características como la ubicación, el tamaño y el número de dormitorios. El algoritmo asume una relación lineal entre las variables de entrada (características) y la única variable de salida (objetivo).

La regresión logística, a pesar de su nombre, se utiliza para tareas de clasificación, como predecir si un correo electrónico es spam o no. Este algoritmo calcula la probabilidad de que una instancia pertenezca a una clase determinada. Si la probabilidad calculada es superior al 50%, el modelo predice que la instancia pertenece a esa clase (conocida como clase positiva, etiquetada como "1") y, en caso contrario, predice que no (es decir, que pertenece a la clase negativa, etiquetada como "0").

Los árboles de decisión son otro tipo de algoritmo de aprendizaje supervisado que puede realizar tanto tareas de clasificación como de regresión. Son fáciles de entender e interpretar, lo que los hace muy deseables en campos en los que la interpretabilidad es crucial. Funcionan dividiendo el conjunto fuente en subconjuntos basados en una prueba de valor de atributo.

Los bosques aleatorios, un tipo de método de conjunto, son grupos de árboles de decisión que realizan una predicción de forma colectiva. Cada árbol individual del bosque da su predicción, y la clase con más votos se convierte en la predicción del modelo. Los bosques aleatorios ayudan a superar la tendencia de los árboles de decisión a sobreajustarse a los datos de entrenamiento, lo que los hace más robustos y precisos.

Las máquinas de vectores soporte (SVM) son potentes algoritmos utilizados para tareas de clasificación y regresión. Las SVM pueden manejar datos lineales y no lineales, así como clasificaciones multiclase. Funcionan transformando los datos de entrada en dimensiones más altas donde se puede utilizar un hiperplano para separar los datos en diferentes clases.

El aprendizaje profundo es un subconjunto del aprendizaje automático que utiliza redes neuronales con muchas capas (de ahí el término "profundo"). Los algoritmos de aprendizaje profundo pueden descubrir estructuras complejas en grandes conjuntos de datos y están detrás de muchas aplicaciones de vanguardia, como el reconocimiento de imágenes, el procesamiento del lenguaje natural y el reconocimiento del habla.

Estos son sólo algunos ejemplos de los muchos algoritmos de aprendizaje automático. Cada algoritmo tiene sus puntos fuertes, sus puntos débiles y sus escenarios de aplicación preferidos. Algunos algoritmos son más adecuados para grandes conjuntos de datos, mientras que otros funcionan bien con conjuntos más pequeños. Algunos son excelentes para datos numéricos y otros sobresalen en el manejo de datos no estructurados como texto e imágenes. La elección del algoritmo depende en gran medida del problema, la naturaleza de los datos y los recursos informáticos disponibles. Comprender estos algoritmos ayuda a elegir con conocimiento de causa la herramienta adecuada para cada tarea.

El aprendizaje automático ha experimentado un ritmo de avances sin precedentes en los últimos años. A medida que se dispone de más datos y aumenta la potencia de cálculo, los investigadores e ingenieros desarrollan nuevas técnicas y mejoran las existentes, ampliando los límites de lo que es posible con el aprendizaje automático. Profundicemos en algunos de estos avances recientes y exploremos cómo están transformando este campo. La aparición del aprendizaje profundo ha cambiado las reglas del juego en el mundo del aprendizaje automático. Como subconjunto del aprendizaje automático, el aprendizaje profundo utiliza un nivel jerárquico de redes neuronales artificiales para llevar a cabo el proceso de aprendizaje automático. Las redes neuronales artificiales se construyen como el cerebro humano, con nodos neuronales conectados entre sí como una red. El aprendizaje profundo está cambiando las reglas del juego en un amplio abanico de sectores. Por ejemplo, en la atención sanitaria, el aprendizaje profundo se está utilizando para predecir enfermedades y mejorar los resultados de los pacientes, mientras que en la industria del automóvil es un componente fundamental de la tecnología de conducción autónoma.

Otro avance significativo es el auge del aprendizaje por transferencia. Tradicionalmente, los modelos de aprendizaje automático tienen que entrenarse desde cero utilizando una gran cantidad de datos. Pero con el aprendizaje por transferencia, el modelo puede aprovechar los conocimientos aprendidos en tareas anteriores para comprender tareas nuevas. Esto puede reducir drásticamente la cantidad de datos necesarios para entrenar un modelo y hacer que el proceso de entrenamiento sea mucho más rápido. El aprendizaje por transferencia ha sido especialmente beneficioso en campos como la visión por ordenador y el procesamiento del lenguaje natural, donde entrenar modelos de aprendizaje profundo desde cero puede ser una tarea que consuma muchos recursos.

El aprendizaje por refuerzo es un tipo de aprendizaje automático cada vez más popular. Esta estrategia de aprendizaje es única porque no requiere pares de entrada/salida etiquetados como en el aprendizaje supervisado. En su lugar, aprende de las recompensas y penalizaciones que recibe al interactuar con su entorno. Es como un juego en el que la máquina aprende por ensayo y error para maximizar su recompensa total. El aprendizaje por refuerzo es la espina dorsal de muchas IA que juegan, como las que son capaces de vencer a campeones del mundo humanos en juegos complejos como el ajedrez y el Go.

Además, se ha producido un gran avance en la interpretabilidad de los modelos de aprendizaje automático. La complejidad de los modelos, especialmente los de aprendizaje profundo, hace que se comporten como "cajas negras", lo que dificulta la comprensión de cómo realizan predicciones o toman decisiones. Sin embargo, las técnicas de interpretabilidad tienen como objetivo proporcionar información sobre el funcionamiento interno del modelo, ayudando a los humanos a entender y confiar en las decisiones del modelo. Estas técnicas son cada vez más importantes en las aplicaciones de alto riesgo del aprendizaje automático, como la sanidad o las finanzas, donde comprender el motivo de una predicción puede ser tan crucial como la propia predicción.

Por último, no podemos pasar por alto los avances en hardware que han apoyado e impulsado el progreso del aprendizaje automático. Las unidades de procesamiento gráfico (GPU), diseñadas originalmente para juegos de ordenador, han demostrado ser increíblemente eficientes a la hora de realizar el tipo de cálculos necesarios para el aprendizaje automático. Esto, junto con los avances en la computación en nube, ha permitido el entrenamiento de modelos complejos en grandes conjuntos de datos, una tarea que habría sido prohibitivamente lenta hace sólo una década.

De hecho, el panorama del aprendizaje automático está en constante evolución, con nuevos avances que redefinen continuamente los límites de lo que las máquinas pueden aprender y lograr. Los próximos años prometen avances aún más emocionantes en este campo tan dinámico, con repercusiones transformadoras en una amplia gama de sectores.

El aprendizaje automático ha dejado rápidamente de ser ciencia ficción para convertirse en un componente crucial de la sociedad moderna. Sin embargo, como ocurre con cualquier campo en rápida evolución, el entusiasmo puede a veces superar a la realidad, dando lugar a expectativas infladas y a ideas erróneas. En este capítulo nos esforzaremos por separar la exageración de la realidad y ofrecer una visión equilibrada del aprendizaje automático.

En primer lugar, hablemos de la exageración. No se puede negar que el aprendizaje automático ha logrado algunas hazañas notables. Los algoritmos de aprendizaje automático pueden reconocer objetos en imágenes, comprender y generar lenguaje humano, recomendar productos o contenidos que pueden gustar a los usuarios e incluso diagnosticar enfermedades a partir de imágenes médicas con gran precisión. Estos logros han despertado entusiasmo y han dado lugar a atrevidas predicciones sobre máquinas capaces de realizar cualquier tarea que los humanos puedan hacer y más.

Sin embargo, es esencial reconocer la realidad, que es algo más matizada. El aprendizaje automático, sobre todo en su estado actual, no es una varita mágica que pueda resolver todos los problemas. Es simplemente una herramienta, aunque potente, que puede aprender patrones a partir de los datos. Los modelos de aprendizaje automático son tan buenos como los datos con los que se han entrenado y pueden tener dificultades para generalizar más allá de sus datos de entrenamiento. Por ejemplo, un modelo de aprendizaje automático entrenado para reconocer gatos en imágenes puede fallar si se le muestra una imagen de un gato en una pose o condiciones de iluminación inusuales.

Además, los modelos de aprendizaje automático carecen del sentido común y la comprensión del mundo que los humanos dan por sentado. Mientras que un ser humano puede entender el significado y el contexto de una frase, aunque nunca la haya visto antes, un modelo de aprendizaje automático puede, como mucho, predecir la estructura de la frase basándose en las frases con las que se ha entrenado. En realidad, no "entiende" el lenguaje como los humanos.

Además, muchos modelos de aprendizaje automático, especialmente los modelos de aprendizaje profundo, son notoriamente difíciles de interpretar. Pueden hacer predicciones o tomar decisiones sin ser capaces de explicar por qué, lo que puede ser problemático en áreas de alto riesgo como la medicina o las finanzas, donde la interpretabilidad es crucial.

También hay que tener en cuenta las consideraciones éticas en torno al aprendizaje automático. Los datos sesgados pueden dar lugar a predicciones sesgadas, lo que plantea problemas de equidad y discriminación. También preocupa la privacidad, ya que el aprendizaje automático suele requerir grandes cantidades de datos, a veces sensibles, para funcionar con eficacia.

En resumen, aunque el aprendizaje automático es muy prometedor y ya ha avanzado mucho, es esencial separar el bombo publicitario de la realidad. Es una herramienta con puntos fuertes y limitaciones, no una bala de plata que resolverá todos los problemas. Sin embargo, a medida que seguimos avanzando en este campo y afrontando los retos mencionados, el potencial del aprendizaje automático para transformar diversos aspectos de la sociedad se hace cada vez más evidente.

CAPÍTULO 3: APRENDIZAJE PROFUNDO; LA VANGUARDIA

El aprendizaje profundo es una forma avanzada de aprendizaje automático que ha irrumpido con fuerza en todo el mundo. Es responsable de muchos de los avances tecnológicos más significativos de los últimos años, y su potencial es enorme y está en gran medida sin explotar. Sin embargo, para apreciar plenamente su poder y potencial, es necesario entender primero qué es el aprendizaje profundo.

En el nivel más básico, el aprendizaje profundo es un tipo de aprendizaje automático que emplea redes neuronales artificiales con varias capas, de ahí el "profundo" en aprendizaje profundo. Estas capas se componen de nodos y pueden considerarse el "cerebro" del modelo. En ellas se produce el aprendizaje.

Los modelos de aprendizaje profundo están diseñados para aprender de los datos de forma automática y adaptativa a través de múltiples capas de características o representaciones relevantes de los datos. En otras palabras, un modelo de aprendizaje profundo puede aprender a través de su propio método de cálculo, su propio "proceso de pensamiento", por así decirlo. Lo que diferencia al aprendizaje profundo de otras técnicas de aprendizaje automático es su capacidad de extracción automática de características. Con el aprendizaje automático tradicional, las características más apropiadas deben extraerse manualmente de los datos brutos. Este proceso se conoce como ingeniería de características y suele requerir una cantidad considerable de conocimientos y experiencia en este campo.

Sin embargo, los modelos de aprendizaje profundo son capaces de realizar la ingeniería de características automáticamente. Un modelo de aprendizaje profundo puede aprender a identificar las características más relevantes a partir de datos brutos sin que se le indique explícitamente cuáles son. Esta capacidad de aprender a partir de datos no estructurados convierte al aprendizaje profundo en una potente herramienta para conjuntos de datos grandes y complejos.

Esta profunda capacidad para la extracción automática de características permite al aprendizaje profundo realizar tareas con las que los modelos tradicionales de aprendizaje automático tienen dificultades. Tareas complejas como el reconocimiento de imágenes, el reconocimiento del habla, el procesamiento del lenguaje natural y muchas otras pueden ser gestionadas eficazmente por modelos de aprendizaje profundo.

Sin embargo, el aprendizaje profundo no está exento de dificultades. Estos modelos requieren una gran cantidad de datos y recursos computacionales, lo que puede ser un factor limitante para algunas aplicaciones. Además, el funcionamiento interno de los modelos de aprendizaje profundo puede ser difícil de interpretar, lo que plantea problemas de transparencia y responsabilidad.

A pesar de estos retos, el potencial del aprendizaje profundo es inmenso. A medida que seguimos recopilando más datos y desarrollando herramientas computacionales más potentes, se amplían las posibilidades de lo que el aprendizaje profundo puede lograr. Desde vehículos autónomos hasta herramientas avanzadas de diagnóstico médico, el aprendizaje profundo está a punto de redefinir la forma en que usamos y entendemos la tecnología.

En las secciones siguientes de este capítulo, profundizaremos en el funcionamiento del aprendizaje profundo, explorando su arquitectura, comparándolo con el aprendizaje automático tradicional, examinando sus aplicaciones en el mundo real y debatiendo sus retos, innovaciones y perspectivas de futuro. Con esta exploración, pretendemos ofrecer una visión completa de esta tecnología revolucionaria.

Comprender la arquitectura de las redes neuronales es

fundamental para adentrarse en el mundo del aprendizaje profundo. Las redes neuronales artificiales (RNA) son el núcleo del aprendizaje en profundidad. Se basan en la estructura de las redes neuronales del cerebro humano y consisten en capas interconectadas de nodos o "neuronas" diseñadas para simular la forma en que el cerebro humano procesa la información.

Una red neuronal artificial básica consta de tres tipos de capas: la capa de entrada, las capas ocultas y la capa de salida.

La capa de entrada recibe los datos brutos o la información inicial de la que aprenderá la red. Cada nodo de esta capa corresponde a una característica del conjunto de datos. Por ejemplo, si el conjunto de datos es una imagen, cada nodo puede representar la intensidad del píxel en un lugar concreto de la imagen.

En las capas ocultas es donde entra en juego la "profundidad" del aprendizaje profundo. Cada capa oculta se compone de varios nodos, y cada nodo es una transformación de la capa anterior. Es en estas capas donde la red aprende sobre los datos. Lo hace ponderando las conexiones de entrada a cada nodo, y estos pesos se ajustan durante el proceso de aprendizaje para minimizar la diferencia entre la salida de la red y el objetivo real.

La capa de salida es la última. Traduce los resultados de las capas ocultas al formato necesario para la tarea en cuestión. El número de nodos de la capa de salida depende de la naturaleza de la tarea. Por ejemplo, para un problema de clasificación binaria, habría dos nodos, mientras que para un problema de clasificación multiclase, habría un nodo para cada clase.

Los nodos de estas capas están interconectados, y estas interconexiones están asociadas a un peso, que esencialmente dicta la influencia de un nodo sobre otro. Los valores de estos pesos son lo que la red aprende a través del proceso de entrenamiento.

Un aspecto clave de estas redes es la función de activación. Determina si una neurona debe activarse o no, basándose en la suma ponderada de su entrada. Las funciones de activación más utilizadas son la sigmoidea, la tanh y la ReLU.

Uno de los aspectos destacables de estas redes neuronales

es su capacidad para aprender y extraer automáticamente características de alto nivel a partir de datos de entrada sin procesar. A medida que los datos pasan por cada capa, la red aprende características más complejas, un proceso conocido como aprendizaje de representación.

En resumen, la arquitectura de una red neuronal, con sus capas de neuronas intrincadamente conectadas, constituye la base de los modelos de aprendizaje profundo. Gracias a esta estructura, los algoritmos de aprendizaje en profundidad pueden procesar datos sin procesar y extraer información valiosa, impulsando muchas de las aplicaciones de IA que vemos hoy en día.

Tanto el aprendizaje profundo como el aprendizaje automático tradicional son subconjuntos de la inteligencia artificial y ambos implican el aprendizaje a partir de datos. Sin embargo, difieren en varios aspectos significativos, como sus capacidades, los tipos de problemas que pueden resolver y los recursos que requieren.

Quizá la diferencia más significativa entre el aprendizaje profundo y el aprendizaje automático tradicional sea la forma en que gestionan la extracción de características. En el aprendizaje automático tradicional, las características suelen diseñarse a mano. Esto significa que un experto en la materia tiene que identificar y extraer manualmente las características más relevantes de los datos brutos antes de introducirlos en el algoritmo de aprendizaje. Este proceso puede ser complejo y lento, y requiere un profundo conocimiento del ámbito del problema.

El aprendizaje profundo, en cambio, destaca en la extracción automática de características. Los algoritmos de aprendizaje profundo pueden aprender representaciones jerárquicas de características a partir de datos brutos. Las capas inferiores del modelo pueden aprender a extraer características simples, como líneas y bordes de una imagen, mientras que las capas más profundas aprenden a combinar estas características simples en otras más complejas, como formas u objetos. Esta capacidad de aprender características directamente de los datos hace que el aprendizaje profundo sea excepcionalmente potente, especialmente para tareas como el reconocimiento de imágenes y del habla, en las que la ingeniería manual de las características sería un reto.

Otra diferencia significativa entre el aprendizaje profundo y el aprendizaje automático tradicional es la cantidad de datos que necesitan. Los algoritmos de aprendizaje profundo suelen necesitar grandes cantidades de datos de entrenamiento etiquetados para funcionar bien. En cambio, muchos algoritmos de aprendizaje automático tradicionales pueden funcionar bien con conjuntos de datos más pequeños. Esto significa que el aprendizaje profundo puede no ser la mejor opción si su conjunto de datos es pequeño o si el etiquetado de datos es costoso.

Además, los modelos de aprendizaje profundo, especialmente las redes neuronales profundas, son intensivos desde el punto de vista computacional y requieren hardware especializado, como GPU, para el entrenamiento. En cambio, muchos modelos tradicionales de aprendizaje automático pueden entrenarse en CPU estándar.

Por último, cabe destacar la interpretabilidad de estos dos tipos de modelos. Los algoritmos tradicionales de aprendizaje automático, como la regresión lineal o los árboles de decisión, suelen ser más interpretables que los modelos de aprendizaje profundo. Esto significa que es más fácil entender por qué estos modelos hacen una predicción concreta. Por el contrario, los modelos de aprendizaje profundo suelen verse como cajas negras que hacen predicciones difíciles de explicar.

En conclusión, aunque el aprendizaje profundo ha ofrecido resultados impresionantes en una variedad de tareas complejas, no es una solución única. La elección entre el aprendizaje profundo y el aprendizaje automático tradicional dependerá de varios factores, como la naturaleza de su tarea, el tamaño y la calidad de su conjunto de datos, sus recursos computacionales y su necesidad de interpretabilidad.

El aprendizaje profundo ha penetrado prácticamente en todos los sectores de nuestra sociedad, afectando a industrias tan diversas como la sanidad, las finanzas, el transporte y el entretenimiento. Impulsa multitud de aplicaciones, desde sistemas de reconocimiento de voz y clasificación de imágenes hasta vehículos autónomos y recomendación personalizada de contenidos. Su capacidad para aprender de grandes cantidades de datos, reconociendo patrones complejos y haciendo predicciones precisas, ha dado lugar a avances impensables hace tan solo unos años.

Una de las aplicaciones más destacadas del aprendizaje profundo se encuentra en el campo de la visión por ordenador, una disciplina que permite a los ordenadores interpretar y comprender datos visuales. Por ejemplo, el reconocimiento y la clasificación de imágenes se han visto revolucionadas por el aprendizaje profundo. Google Photos, por ejemplo, aprovecha el aprendizaje profundo para reconocer personas, lugares y cosas en las fotografías, facilitando a los usuarios la búsqueda y organización de sus fotos.

El aprendizaje profundo también desempeña un papel crucial en el procesamiento del lenguaje natural, impulsando aplicaciones como la traducción de idiomas, el análisis de sentimientos y los chatbots. Con la ayuda del aprendizaje profundo, Google Translate puede traducir entre más de 100 idiomas y lo hace con notable precisión. Además, muchos de los asistentes virtuales actuales, como Alexa de Amazon y Siri de Apple, utilizan el aprendizaje profundo para comprender y responder al habla humana.

En el campo de la medicina, el aprendizaje profundo se está utilizando para diagnosticar enfermedades, predecir los resultados de los pacientes y personalizar los planes de tratamiento. Por ejemplo, los algoritmos de aprendizaje profundo pueden analizar datos de imágenes médicas para detectar cánceres u otras enfermedades en sus etapas más tempranas, a menudo superando a los médicos humanos en términos de velocidad y precisión.

Los coches autónomos son otra aplicación en la que el aprendizaje profundo ha tenido un impacto sustancial. Los vehículos autónomos utilizan el aprendizaje profundo para comprender su entorno, reconocer objetos y tomar decisiones. Por ejemplo, el sistema Autopilot de Tesla utiliza el aprendizaje profundo para identificar objetos y predecir sus movimientos, lo que permite al coche navegar con seguridad.

Incluso en la industria del entretenimiento, el aprendizaje profundo ha encontrado un lugar. Netflix utiliza algoritmos de aprendizaje profundo para recomendar contenidos personalizados a sus usuarios, mientras que Spotify lo utiliza para confeccionar listas de reproducción personalizadas. El aprendizaje profundo también se utiliza en la creación de efectos especiales realistas e incluso en la generación de nuevos contenidos, como música, obras de arte e historias.

En finanzas, el aprendizaje profundo se utiliza para predecir tendencias bursátiles, detectar transacciones fraudulentas y proporcionar asesoramiento financiero personalizado. Por ejemplo, muchos robo-asesores utilizan algoritmos de aprendizaje profundo para analizar los datos del mercado y ofrecer recomendaciones de inversión.

A pesar de su uso generalizado, el aprendizaje profundo sigue siendo un campo en crecimiento, y continuamente se están desarrollando nuevas aplicaciones. A medida que avancemos, podemos esperar que el aprendizaje profundo desempeñe un papel cada vez más importante en nuestra sociedad, impulsando una mayor innovación y desarrollo en una miríada de sectores. Si bien es cierto que hay retos que superar, como garantizar la transparencia y equidad de los modelos de aprendizaje profundo, los beneficios potenciales son inmensos y de gran alcance. De hecho, sólo estamos al principio de la revolución del aprendizaje profundo.

El campo del aprendizaje profundo es dinámico y evoluciona rápidamente con innovaciones constantes que están ampliando los límites de lo que creíamos posible. Investigadores y tecnólogos de todo el mundo están desarrollando nuevos métodos, arquitecturas y aplicaciones, mejorando continuamente el rendimiento de los modelos de aprendizaje profundo y sus capacidades.

Una de las innovaciones significativas en el aprendizaje profundo ha sido el desarrollo de arquitecturas de redes neuronales más sofisticadas. Por ejemplo, las redes neuronales convolucionales (CNN) han sido fundamentales para avanzar en las tareas de visión por ordenador. Estas redes, inspiradas en la corteza visual humana, destacan en el procesamiento de datos en forma de cuadrícula, como las imágenes, lo que permite a las máquinas "ver" y comprender la información visual.

Del mismo modo, las redes neuronales recurrentes (RNN) y su variante avanzada, las redes de memoria a largo plazo (LSTM), han revolucionado las tareas de procesamiento de secuencias. Estas redes son capaces de procesar datos secuenciales, lo que las hace útiles para aplicaciones como el reconocimiento del habla, el procesamiento del lenguaje natural y la predicción de series temporales.

El auge de las redes generativas adversariales (GAN) representa otra importante innovación en este campo. Las GAN constan de dos redes neuronales, una generadora y otra discriminadora, que compiten entre sí. El generador crea nuevas instancias de datos, mientras que el discriminador evalúa su autenticidad. Las GAN se han utilizado para generar imágenes muy realistas, música e incluso para crear deepfakes.

El aprendizaje por transferencia es otra innovación clave que ha agilizado el proceso de formación de modelos. En el aprendizaje por transferencia, un modelo preentrenado se utiliza como punto de partida para una nueva tarea relacionada. Esto permite aprovechar el conocimiento que el modelo ya ha adquirido, reduciendo la necesidad de cantidades masivas de datos y ahorrando recursos computacionales.

La aparición del aprendizaje por refuerzo, en el que un agente aprende a tomar decisiones interactuando con su entorno y recibiendo recompensas o penalizaciones, también ha causado sensación en el mundo del aprendizaje profundo. El aprendizaje por refuerzo se ha utilizado para entrenar sistemas de IA para jugar a videojuegos, manejar robots e incluso negociar con acciones.

Otro avance clave en el aprendizaje profundo es la atención prestada a la interpretabilidad y la transparencia. A medida que los modelos de aprendizaje profundo se han ido haciendo más complejos, comprender sus procesos de toma de decisiones se ha convertido en todo un reto. Se están desarrollando nuevos métodos para hacer que estos modelos sean más interpretables, garantizando que sus predicciones puedan ser entendidas y fiables por los seres humanos.

Por último, el auge de la computación periférica en el aprendizaje profundo es una tendencia importante. La IA en los bordes acerca los cálculos a la fuente de datos, reduciendo la latencia y aumentando la privacidad. Esto es fundamental para aplicaciones como los vehículos autónomos y el reconocimiento facial en tiempo real, donde la toma de decisiones rápida es crucial.

Estas innovaciones subrayan la naturaleza dinámica del campo del aprendizaje profundo. El ritmo de avance es rápido y no dejan de surgir nuevas ideas y técnicas. Esta evolución constante está ampliando las capacidades del aprendizaje profundo, abriendo nuevas posibilidades y garantizando que este campo seguirá cautivando a investigadores y tecnólogos en los próximos años.

A pesar de los importantes avances y éxitos del aprendizaje profundo, no está exento de retos y limitaciones. A medida que el campo madura y encuentra una aplicación más amplia, varias cuestiones clave han pasado a primer plano. Comprender estos retos es crucial no solo para los investigadores que están ampliando los límites del aprendizaje profundo, sino también para las empresas y los particulares que desean aplicar estas tecnologías.

Uno de los retos más importantes del aprendizaje profundo es la necesidad de grandes cantidades de datos etiquetados. Los algoritmos de aprendizaje profundo necesitan grandes cantidades de datos etiquetados para aprender con eficacia. Sin embargo, recopilar y etiquetar estos datos puede llevar mucho tiempo y resultar caro. En algunos ámbitos, como la sanidad, el acceso a los datos también puede estar restringido por motivos de privacidad.

La falta de interpretabilidad es otro problema crítico en el aprendizaje profundo. Los modelos de aprendizaje profundo, en particular las redes neuronales profundas, suelen denominarse "cajas negras" porque su funcionamiento interno no es fácil de entender. Esta falta de transparencia puede generar desconfianza, especialmente en aplicaciones críticas en las que es importante comprender el razonamiento que subyace a la predicción de un modelo.

Los modelos de aprendizaje profundo también son propensos al sobreajuste, especialmente cuando se entrenan con conjuntos de datos pequeños o ruidosos. El sobreajuste se produce cuando un modelo aprende a funcionar bien en los datos de entrenamiento pero no consigue generalizar a datos no vistos. Técnicas como el abandono y la regularización pueden ayudar a evitar el sobreajuste, pero no siempre son eficaces.

El coste computacional del entrenamiento de los modelos de aprendizaje profundo es también un reto importante. El entrenamiento de modelos de aprendizaje profundo requiere un hardware potente, normalmente GPU, y puede llevar días o incluso semanas para tareas complejas. Esto no solo hace que el aprendizaje profundo requiera muchos recursos, sino que también contribuye a los problemas medioambientales debido al elevado consumo energético de estos cálculos.

El sesgo en los modelos de aprendizaje profundo es otro problema importante. Si los datos de entrenamiento contienen información sesgada, es probable que el modelo aprenda y reproduzca estos sesgos. Esto puede conducir a resultados injustos o discriminatorios, especialmente en aplicaciones sensibles como la contratación o la aprobación de préstamos.

Por último, preocupa la robustez de los modelos de aprendizaje profundo. Se sabe que los modelos de aprendizaje profundo son sensibles a pequeños cambios en los datos de entrada que serían imperceptibles para los humanos, un fenómeno conocido como ataques adversariales. Esta vulnerabilidad es un problema grave, sobre todo para aplicaciones en las que la seguridad es crucial.

Abordar estos retos requerirá una considerable labor de investigación y desarrollo. Sin embargo, la promesa del aprendizaje profundo y su impacto potencial en la sociedad hacen que la superación de estos retos merezca la pena. A medida que avance el campo, podemos esperar que surjan nuevas técnicas y enfoques que mitiguen estos problemas y liberen todo el potencial del aprendizaje profundo.

El futuro del aprendizaje en profundidad es un panorama repleto de posibilidades, preparado para redefinir numerosos sectores de formas novedosas. Una serie de tendencias tecnológicas, científicas y sociales se entrecruzan para apuntar hacia una influencia cada vez mayor del aprendizaje profundo en nuestra vida cotidiana.

Para empezar, se espera que el desarrollo de hardware más eficiente y especializado, como las unidades de procesamiento tensorial (TPU) y los chips neuromórficos, reduzca drásticamente el coste computacional del entrenamiento de los modelos de aprendizaje profundo. Estos avances harán que el aprendizaje profundo sea más accesible e impulsarán aún más su adopción en diversos sectores.

Además, se prevé que técnicas como el aprendizaje no supervisado, el aprendizaje de una sola vez y el aprendizaje de refuerzo avancen considerablemente. Se espera que estos métodos reduzcan la dependencia de los modelos de aprendizaje profundo de grandes cantidades de datos etiquetados, abordando uno de los principales retos del campo. Además, los avances en estas áreas podrían dar lugar a sistemas de IA más robustos, capaces de aprender y mejorar de forma autónoma.

En el ámbito de la percepción artificial, se prevé que las tecnologías de aprendizaje profundo sigan avanzando hacia capacidades similares a las humanas. Los avances en campos como la visión por ordenador, el reconocimiento del habla y el procesamiento del lenguaje natural darían lugar a interfaces persona-ordenador más intuitivas, transformando la forma en que interactuamos con la tecnología.

Además, el aprendizaje profundo está llamado a desempeñar un papel fundamental en la resolución de problemas complejos en ámbitos como la sanidad, la climatología y la ciencia de los materiales. Por ejemplo, los modelos de aprendizaje profundo podrían predecir la progresión de enfermedades, ayudar a descubrir nuevos fármacos o diseñar materiales energéticos más eficientes.

Una de las perspectivas más interesantes para el futuro del aprendizaje profundo radica en la convergencia de la IA y la neurociencia. Los investigadores utilizan cada vez más los conocimientos de la neurociencia para inspirar nuevas arquitecturas de aprendizaje profundo, y viceversa. Este flujo bidireccional de ideas podría dar lugar a grandes avances en ambos campos, ampliando nuestra comprensión del cerebro y mejorando el rendimiento de los sistemas de IA.

Sin embargo, el camino hacia este futuro no está exento de desafíos. Es necesario abordar cuestiones críticas relacionadas con la privacidad, la seguridad, la equidad y la interpretabilidad. A medida que se generalicen los sistemas de aprendizaje profundo, será fundamental establecer sólidos marcos éticos y normativos para garantizar que estas tecnologías se utilicen de forma responsable.

En conclusión, el futuro del aprendizaje profundo parece increíblemente prometedor. Se sitúa en el centro de la actual revolución de la IA y presenta tanto un potencial transformador como importantes retos. Pero una cosa es segura: el aprendizaje profundo seguirá siendo un campo de investigación vibrante, que ampliará continuamente los límites de lo posible y remodelará nuestro mundo en el proceso.

CAPÍTULO 4: LA INTELIGENCIA ARTIFICIAL EN LA INDUSTRIA: TRASFORMACIÓN E INNOVACIÓN

La inteligencia artificial está revolucionando la atención sanitaria, dando paso a una nueva era de la medicina marcada por la mejora de los resultados de los pacientes, la mayor eficiencia de los procesos y la atención personalizada.

A la vanguardia de esta revolución se encuentra la aplicación de la IA al diagnóstico. Los algoritmos de aprendizaje automático, en particular el aprendizaje profundo, han demostrado ser muy prometedores en la interpretación de imágenes médicas como radiografías, tomografías computarizadas y resonancias magnéticas. Estos sistemas de IA pueden analizar imágenes con un alto nivel de precisión, a menudo igualando o incluso superando el rendimiento de los radiólogos humanos. Esto tiene importantes implicaciones para la detección precoz de enfermedades y la planificación de tratamientos.

Además, la IA está transformando la patología, un campo tradicionalmente muy laborioso. Los sistemas basados en IA pueden analizar muestras de tejido e identificar anomalías, ayudando a los patólogos a diagnosticar enfermedades como el cáncer. La rapidez y precisión de estos sistemas pueden agilizar el diagnóstico y permitir un inicio más rápido del tratamiento.

La IA también está avanzando en el campo de la genómica, donde se utilizan algoritmos de aprendizaje automático para predecir el riesgo de que una persona desarrolle determinados trastornos genéticos. Esta información puede ser muy valiosa para la atención preventiva y la planificación personalizada del tratamiento.

El análisis predictivo, otra aplicación importante de la IA en la atención sanitaria, utiliza el aprendizaje automático para predecir los resultados de los pacientes basándose en datos históricos. Los hospitales aprovechan el análisis predictivo para identificar a los pacientes con riesgo de reingreso, anticipar brotes de enfermedades y mejorar el flujo de pacientes, entre otras aplicaciones.

Además de estas aplicaciones, la IA está revolucionando el descubrimiento y desarrollo de fármacos. Los algoritmos de aprendizaje automático pueden analizar grandes cantidades de datos para identificar posibles fármacos candidatos, predecir sus efectos y optimizar sus estructuras químicas. Esto puede acelerar significativamente el proceso de descubrimiento de fármacos, que tradicionalmente lleva varios años e implica un considerable esfuerzo de ensayo y error.

La IA también está permitiendo a los pacientes tomar las riendas de su salud gracias a aplicaciones y dispositivos portátiles basados en la IA. Estas tecnologías pueden realizar un seguimiento de diversas métricas de salud, proporcionar consejos de salud personalizados e incluso detectar anomalías sanitarias. Por ejemplo, los algoritmos de IA pueden analizar datos de dispositivos portátiles para detectar ritmos cardíacos irregulares, alertando potencialmente a los usuarios de enfermedades como la fibrilación auricular.

Aunque el potencial de la IA en la atención sanitaria es inmenso, no está exento de dificultades. Deben abordarse cuestiones relacionadas con la privacidad de los datos, los sesgos algorítmicos y la naturaleza de caja negra de muchos sistemas de IA. Además, la integración de la IA en la asistencia sanitaria exigirá cambios en los marcos normativos, la formación del personal y los modelos de prestación de asistencia.

No obstante, la trayectoria de la IA en la sanidad es clara.

Está transformando todos los aspectos de la asistencia sanitaria, desde el diagnóstico hasta el tratamiento y la participación del paciente, y promete un futuro en el que la asistencia sanitaria será más eficaz, eficiente y personalizada. A medida que la IA sigue avanzando y madurando, su papel en la asistencia sanitaria está llamado a ampliarse, ampliando los límites de la medicina y redefiniendo lo que es posible en la asistencia sanitaria.

La Inteligencia Artificial se ha convertido en un elemento fundamental de los servicios financieros, contribuyendo a una mayor eficiencia, una mejor gestión del riesgo y un servicio al cliente más personalizado.

Uno de los usos más notables de la IA en las finanzas es el comercio algorítmico. Los modelos de aprendizaje automático pueden procesar enormes cantidades de datos financieros a gran velocidad, identificando patrones y tendencias que los humanos podrían pasar por alto. Estos modelos pueden tomar decisiones de negociación basadas en algoritmos complejos, logrando una velocidad y precisión superiores. El resultado es un mayor volumen de operaciones, una ejecución más precisa y una reducción de costes.

La IA también es fundamental en la calificación crediticia y la evaluación de riesgos. Tradicionalmente, las puntuaciones crediticias se determinan en función de un conjunto limitado de factores. Sin embargo, los modelos de aprendizaje automático pueden tener en cuenta una gama más amplia de variables, creando una imagen más matizada de la solvencia de una persona o empresa. Esto tiene implicaciones de gran alcance para las decisiones sobre préstamos, seguros e inversiones.

En el mundo de la banca, la IA está impulsando chatbots y asistentes virtuales que ofrecen atención al cliente 24 horas al día, 7 días a la semana. Estas herramientas potenciadas por la IA pueden gestionar consultas comunes, proporcionar asesoramiento financiero personalizado e incluso realizar transacciones. Esto no solo mejora la experiencia del cliente, sino que también libera a los empleados humanos para que se ocupen de tareas más complejas.

La detección del fraude es otra área en la que la IA ha demostrado un potencial significativo. Los sistemas de IA pueden analizar transacciones en tiempo real, detectando anomalías y posibles indicios de fraude. Esta capacidad de identificar y señalar rápidamente las actividades sospechosas tiene un valor incalculable en la lucha contra la delincuencia financiera.

Los roboasesores, impulsados por la IA, también han ganado terreno en el sector de la inversión. Proporcionan servicios de planificación financiera automatizados y basados en algoritmos, sin apenas supervisión humana. Los roboasesores pueden analizar la situación financiera del cliente, sus objetivos de inversión y su tolerancia al riesgo, y recomendarle estrategias de inversión adecuadas.

A pesar de las numerosas ventajas de la IA, su integración en el sector financiero no está exenta de dificultades. La preocupación por la privacidad de los datos, el desplazamiento de puestos de trabajo y los posibles riesgos sistémicos derivados de la negociación impulsada por la IA han suscitado continuos debates. Además, la naturaleza de "caja negra" de muchos algoritmos de IA plantea interrogantes sobre la transparencia y la rendición de cuentas.

En conclusión, la IA ya ha empezado a remodelar el sector financiero. A medida que las tecnologías de IA sigan evolucionando, sin duda revolucionarán aún más las finanzas, impulsando la eficiencia, mejorando los servicios y creando nuevas oportunidades. Sin embargo, una regulación cuidadosa y una aplicación meditada serán fundamentales para garantizar que los beneficios de la IA se aprovechen plenamente, al tiempo que se mitigan los riesgos potenciales. La industria del transporte está experimentando profundos cambios como resultado de la inteligencia artificial, con impactos transformadores que abarcan desde los viajes personales hasta la logística de mercancías.

En el ámbito del transporte personal, los vehículos autónomos son uno de los avances más visibles y comentados. Los coches autónomos, impulsados por la IA, están equipados con una serie de sensores como LiDAR, radar y cámaras que recogen datos sobre el entorno del coche. Los sistemas de IA procesan estos datos en tiempo real y toman decisiones sobre la dirección, la aceleración y el frenado. Los beneficios potenciales son enormes, desde la reducción de accidentes causados por errores humanos hasta la movilidad de quienes no pueden conducir.

La IA también está mejorando las características de seguridad de los vehículos tradicionales. Los sistemas avanzados de asistencia al conductor (ADAS), como el control de crucero adaptativo, el asistente de mantenimiento de carril y el frenado automático de emergencia, ya forman parte del equipamiento de serie de muchos vehículos nuevos. Estas funciones aprovechan la IA para mejorar la seguridad de los vehículos, ayudando a los conductores y, en algunos casos, tomando medidas correctivas para evitar accidentes.

En el transporte público, la IA se utiliza para optimizar rutas y horarios, reducir la congestión y mejorar la eficiencia. Además, los algoritmos de mantenimiento predictivo pueden anticipar fallos en las infraestructuras de transporte, como redes ferroviarias o aeropuertos, minimizando las interrupciones y manteniendo la eficiencia operativa.

El sector del transporte de mercancías también se está beneficiando de la IA. Se están desarrollando y probando camiones autónomos y drones, con el potencial de reducir significativamente los costes de transporte y hacer frente a la escasez de conductores. Al mismo tiempo, la IA se está utilizando para optimizar la logística, desde las rutas hasta la gestión de almacenes, aumentando la eficiencia y reduciendo los costes.

En el sector de la aviación, la IA se utiliza para diversas aplicaciones, desde las operaciones de vuelo hasta el servicio al cliente. La IA puede predecir patrones meteorológicos, optimizar rutas de vuelo, automatizar la facturación y proporcionar información de viaje personalizada. Estos avances pueden aumentar significativamente la eficiencia operativa y mejorar la experiencia de los pasajeros.

Sin embargo, el despliegue de la IA en el transporte también plantea retos. Entre ellos se encuentran los obstáculos normativos, las amenazas a la ciberseguridad y las consideraciones éticas relacionadas con los vehículos autónomos. Además, el impacto sobre el empleo en el sector del transporte es una preocupación importante que debe gestionarse cuidadosamente.

En conclusión, la IA está llamada a revolucionar el sector del transporte. A medida que siga evolucionando y madurando, impulsará la eficiencia, mejorará la seguridad y creará sistemas de transporte más sostenibles. Sin embargo, habrá que tener muy en cuenta las implicaciones sociales, éticas y normativas de estos cambios transformadores.

La llegada de la Inteligencia Artificial ha provocado una transformación en el sector educativo, mejorando los métodos de enseñanza, el acceso a los recursos y personalizando el aprendizaje.

Una de las principales formas en que la IA está influyendo en la educación es a través de las plataformas de aprendizaje adaptativo. Estas plataformas utilizan algoritmos de IA para adaptar el contenido educativo a las necesidades individuales de cada estudiante, reconociendo sus puntos fuertes y débiles y su estilo de aprendizaje. Al proporcionar orientación y comentarios personalizados, estas plataformas pueden mejorar significativamente la experiencia de aprendizaje y los resultados educativos.

La IA también está revolucionando el papel de los profesores, permitiéndoles centrarse más en la participación de los alumnos y menos en las tareas administrativas. Por ejemplo, las herramientas de IA pueden automatizar la corrección de exámenes de opción múltiple y de rellenar espacios en blanco, lo que ahorra mucho tiempo a los profesores. Además, la IA puede ayudar a los profesores a identificar las lagunas en su enseñanza, ayudándoles a ajustar su instrucción para satisfacer mejor las necesidades de sus alumnos.

La IA está haciendo que los recursos educativos sean más accesibles que nunca. Las herramientas de traducción basadas en IA, por ejemplo, pueden hacer que los contenidos educativos estén disponibles en varios idiomas, democratizando el acceso al conocimiento. Además, tecnologías de IA como el reconocimiento de voz y la conversión de texto a voz pueden ayudar a los estudiantes con discapacidad, permitiéndoles participar plenamente en el proceso de aprendizaje.

Además, la IA está facilitando el desarrollo de aulas inteligentes. Se trata de entornos interactivos en los que los sistemas basados en IA facilitan el aprendizaje mediante pizarras digitales, realidad virtual y estaciones de aprendizaje personalizadas. Estos avances tecnológicos proporcionan experiencias de aprendizaje inmersivas e interactivas, lo que conduce a un mayor compromiso de los estudiantes.

El papel de la IA en la educación se extiende más allá de las aulas, con herramientas de orientación profesional basadas en IA que ayudan a los estudiantes a tomar decisiones informadas sobre su futuro. Estas herramientas analizan los intereses, las habilidades y los objetivos profesionales de los estudiantes y les proporcionan asesoramiento personalizado sobre la selección de cursos, prácticas y trayectorias profesionales.

Sin embargo, la integración de la IA en la educación también plantea retos. Hay que abordar cuestiones relacionadas con la privacidad de los datos, la brecha digital y la necesidad de formación del profesorado. Además, es fundamental garantizar que los sistemas de IA sean imparciales y transparentes.

En conclusión, la IA tiene el potencial de transformar radicalmente la educación, haciéndola más personalizada, atractiva y accesible. A medida que seguimos explorando y desarrollando estas tecnologías, también debemos considerar las implicaciones éticas, sociales y legales para garantizar que los beneficios de la IA en la educación se distribuyan equitativamente.

La industria manufacturera está siendo testigo de un cambio significativo como resultado de la integración de la Inteligencia Artificial. Esta nueva era, a menudo denominada Industria 4.0 o cuarta revolución industrial, está marcada por el creciente uso de la IA, la automatización y el análisis avanzado de datos para mejorar la eficiencia, la productividad y el control de calidad.

La IA ha demostrado ser decisiva para optimizar los procesos de producción. Los algoritmos de aprendizaje automático pueden analizar grandes cantidades de datos de las líneas de producción para predecir fallos, planificar el mantenimiento y mejorar la eficiencia de las operaciones. La capacidad de predecir los fallos de las máquinas antes de que se produzcan puede ahorrar a los fabricantes cantidades significativas de tiempo y dinero, reduciendo el tiempo de inactividad y los costes de mantenimiento.

Además, la IA está permitiendo un control de calidad más preciso en la fabricación. Los sistemas avanzados de reconocimiento de imágenes pueden identificar defectos o irregularidades en los productos con una precisión que supera las capacidades humanas. Esto no sólo mejora la calidad del producto final, sino que también minimiza los residuos, lo que conduce a prácticas de fabricación más sostenibles.

La IA también desempeña un papel crucial en la gestión de la cadena de suministro, donde los modelos de aprendizaje automático pueden predecir la demanda, optimizar el inventario y agilizar la logística. Estos conocimientos basados en la IA permiten a los fabricantes responder con rapidez a los cambios en las condiciones del mercado, reduciendo las roturas de stock y los excesos de existencias y mejorando la satisfacción del cliente.

Los robots, impulsados por la IA, son cada vez más comunes en las plantas de fabricación. Estos robots pueden realizar tareas repetitivas con mayor rapidez y precisión que los trabajadores humanos, mejorando la productividad y reduciendo el riesgo de lesiones en el lugar de trabajo. Además, los robots con IA pueden adaptarse a nuevas tareas, lo que permite procesos de fabricación más flexibles.

Otro avance interesante es la llegada de los "gemelos digitales", réplicas virtuales de sistemas físicos que permiten las tecnologías de IA e IoT. Los gemelos digitales permiten a los fabricantes simular procesos de producción, experimentar con diferentes escenarios e identificar posibles problemas antes de que afecten a la producción real. Sin embargo, la adopción

47

de la IA en la fabricación no está exenta de desafíos. Las cuestiones relacionadas con el desplazamiento de puestos de trabajo, la seguridad de los datos y las implicaciones éticas de la automatización son consideraciones críticas. También hay retos técnicos, como la necesidad de datos relevantes y de alta calidad para entrenar los modelos de IA y la integración de los sistemas de IA con la infraestructura existente.

En conclusión, la IA está a punto de revolucionar la industria manufacturera, impulsando mejoras en productividad, calidad y eficiencia. A medida que nos adentramos en la era de la Industria 4.0, es crucial que los fabricantes adopten estos avances tecnológicos y, al mismo tiempo, aborden los retos e implicaciones asociados.

La inteligencia artificial está desempeñando un papel cada vez más importante en la industria minorista, remodelando la forma en que las empresas operan e interactúan con sus clientes. La integración de la IA en el comercio minorista no sólo ha mejorado la eficiencia y la precisión en muchas operaciones, sino que también tiene el potencial de ofrecer una experiencia de compra altamente personalizada e interactiva para los consumidores.

Una de las aplicaciones más notables de la IA en el comercio minorista se encuentra en el ámbito de la experiencia del cliente. Mediante algoritmos de aprendizaje automático, la IA puede analizar las compras anteriores de los clientes, su comportamiento de navegación y otros datos para ofrecer recomendaciones de productos personalizadas. Este nivel de personalización mejora la experiencia de compra del cliente y aumenta las ventas y la fidelidad del cliente para el minorista.

Además de personalizar la experiencia de compra, los chatbots y asistentes virtuales basados en IA están mejorando el servicio al cliente. Estas soluciones de IA pueden gestionar las consultas y quejas habituales de los clientes las 24 horas del día, ofreciendo respuestas inmediatas y ahorrando recursos humanos para tareas más complejas. Con capacidades de procesamiento del lenguaje natural, estos chatbots pueden entender a los clientes e interactuar con ellos de una forma más humana, lo que aumenta aún más la satisfacción del cliente.

La gestión de inventarios es otra área en la que la IA está teniendo un impacto significativo. El análisis predictivo impulsado por la IA puede ayudar a los minoristas a prever la demanda con mayor precisión, lo que permite una mejor planificación del inventario y reduce las posibilidades de agotamiento y exceso de existencias. Al optimizar los niveles de inventario, los minoristas pueden gestionar sus recursos de forma más eficiente y mejorar su cuenta de resultados.

La IA también está cambiando la fisonomía de los comercios minoristas con el desarrollo de tiendas sin cajeros. Utilizando una combinación de IA, visión por ordenador y tecnología de fusión de sensores, tiendas como Amazon Go permiten a los clientes entrar, recoger los artículos que desean y salir sin tener que hacer cola para pagar. El sistema detecta automáticamente qué productos se llevan y carga el importe correspondiente en la cuenta del cliente.

Además, la IA se está aprovechando para combatir el fraude y mejorar la seguridad en el sector minorista. Los algoritmos de IA pueden analizar los datos de las transacciones para detectar patrones inusuales y señalar posibles actividades fraudulentas. Esto no sólo ayuda a reducir las pérdidas, sino que también contribuye a fomentar la confianza de los clientes.

A pesar de las numerosas ventajas, la aplicación de la IA en el comercio minorista conlleva una serie de retos, como cuestiones relacionadas con la privacidad de los datos, la necesidad de una inversión significativa en infraestructuras y la preocupación por el desplazamiento de puestos de trabajo. A medida que el sector avanza hacia una mayor adopción de la IA, los minoristas deben abordar estos retos de forma eficaz.

En conclusión, la IA está transformando rápidamente el panorama del comercio minorista, proporcionando importantes oportunidades tanto para los minoristas como para los clientes. A medida que la tecnología siga evolucionando, el sector minorista probablemente seguirá encontrando formas innovadoras de aprovechar la IA, mejorando la eficiencia y personalizando aún más la experiencia del cliente.

La industria del entretenimiento, con su incesante necesidad de innovación y compromiso, ha encontrado un valioso aliado en la inteligencia artificial. La creciente influencia de la IA en el entretenimiento es multifacética y afecta a la creación, personalización y distribución de contenidos, alterando fundamentalmente la forma en que consumimos e interactuamos con los medios de comunicación.

La IA ha cambiado radicalmente el panorama de la creación de contenidos. En la producción cinematográfica, los algoritmos de IA pueden analizar guiones y proporcionar datos sobre el éxito potencial antes de rodar un solo fotograma. También puede predecir temas populares de películas, combinaciones de géneros y arcos argumentales basándose en el análisis de datos de consumo, lo que ayuda a directores y productores a tomar decisiones con conocimiento de causa.

La IA también ayuda a automatizar ciertos aspectos de la producción cinematográfica. Desde el montaje hasta la corrección del color y los efectos especiales, las herramientas de IA pueden reducir considerablemente el trabajo manual y el tiempo invertido. Entre las aplicaciones más complejas de la IA se encuentran la tecnología deepfake y las mejoras CGI, que permiten a los cineastas crear representaciones digitales realistas y actores virtuales.

En música, la IA se utiliza para componer piezas enteras, desde sinfonías clásicas a éxitos pop. Estos algoritmos de IA pueden aprender de una amplia gama de estilos y composiciones musicales, generando música original y ayudando a los artistas en su proceso creativo.

Los videojuegos son otro sector del entretenimiento en el que la IA desempeña un papel crucial. La IA está detrás de los comportamientos sensibles, adaptables e impredecibles de los personajes no jugadores, lo que hace que el juego sea más atractivo e inmersivo. Además, con las técnicas de generación procedimental, la IA puede crear entornos de juego amplios y complejos, lo que aumenta el valor de repetición.

En cuanto a la personalización, los algoritmos de IA trabajan entre bastidores en nuestras plataformas de streaming favoritas. Servicios como Netflix y Spotify utilizan la IA para analizar nuestros hábitos de visionado y escucha, respectivamente, recomendando contenidos adaptados a nuestros gustos. Esto no sólo mejora la experiencia del usuario, sino que también aumenta la participación y la retención.

En el ámbito de la realidad virtual (RV) y la realidad aumentada (RA), la IA es un actor clave. Se utiliza para generar entornos y personajes realistas e interactivos, mejorando la inmersión. Desde los juegos de RV hasta los filtros de RA en las redes sociales, la IA está mejorando y ampliando estas experiencias.

La distribución es otra área en la que la IA ha encontrado su lugar. Desde la optimización de las campañas de marketing hasta la predicción de los ingresos de taquilla, la IA puede proporcionar información valiosa. También puede automatizar el etiquetado y la clasificación de contenidos, facilitando su descubrimiento en un mercado cada vez más saturado.

Sin embargo, el auge de la IA en el sector del entretenimiento también plantea importantes cuestiones. Estos van desde cuestiones de derechos de autor en los contenidos generados por la IA a las preocupaciones éticas en torno a las falsificaciones profundas y las posibles pérdidas de puestos de trabajo debido a la automatización.

En conclusión, el futuro de la industria del entretenimiento está inextricablemente ligado a los avances de la IA. A medida que nos adentramos en este nuevo panorama, es necesario tener en cuenta y regular cuidadosamente estas tecnologías para garantizar que se emplean de forma responsable y ética. El viaje no ha hecho más que empezar y promete ser apasionante, abriendo nuevas perspectivas de creatividad, compromiso y entretenimiento.

CAPÍTULO 5: NAVEGAR POR EL PAISAJE DE LA INTELIGENCIA ARTIFICIAL: GUÍA PRÁCTICA

En el panorama en rápida evolución del siglo XXI, la alfabetización va mucho más allá de los dominios tradicionales de la lectura, la escritura y la aritmética. Con la llegada de la inteligencia artificial (IA) y su creciente influencia en prácticamente todos los aspectos de nuestras vidas, la alfabetización en IA ha surgido como una competencia crítica, que da forma a nuestra capacidad para navegar por el mundo digital de manera eficaz y responsable.

La alfabetización en IA es la comprensión de cómo funcionan los sistemas de IA, sus aplicaciones potenciales, implicaciones, limitaciones y las cuestiones éticas y sociales que plantean. En una era marcada por una dependencia cada vez mayor de las tecnologías basadas en la IA -desde las recomendaciones personalizadas en las plataformas de streaming hasta los asistentes virtuales de nuestros teléfonos inteligentes-, la alfabetización en IA desempeña un papel fundamental.

Para los individuos, la alfabetización en IA es una herramienta crucial para tomar decisiones informadas en un mundo saturado de tecnologías de IA. Permite a las personas discernir entre información creíble e información errónea, comprender las implicaciones para la privacidad del uso de determinadas plataformas y ser conscientes de los posibles sesgos de los sistemas de IA.

En el ámbito profesional, la alfabetización en IA se está convirtiendo en una habilidad cada vez más solicitada, independientemente del campo de especialización de cada uno. Comprender la IA y sus aplicaciones puede ayudar a los profesionales a identificar oportunidades para integrar la IA en su trabajo, mejorar la eficiencia e impulsar la innovación. Si usted es un vendedor que aprovecha la IA para campañas personalizadas, un médico que utiliza la IA para la asistencia en el diagnóstico o un profesor que integra herramientas de IA para mejorar el aprendizaje de los alumnos, la alfabetización en IA puede darle una ventaja competitiva.

En un contexto social más amplio, la alfabetización en IA es indispensable para los procesos democráticos. Dado que los sistemas de IA desempeñan un papel importante en la formación de la opinión pública a través del tratamiento algorítmico de las noticias y la información, los ciudadanos necesitan comprender cómo pueden verse influidas sus percepciones. Además, una población alfabetizada en IA está mejor preparada para participar en conversaciones sobre la gobernanza, la regulación y el uso ético de las tecnologías de IA.

La alfabetización en IA también es crucial para fomentar la inclusión en la comunidad de la IA. Si la IA es desarrollada por un grupo homogéneo, los productos resultantes servirán inevitablemente a ese grupo mejor que a otros. Al promover la alfabetización en IA, podemos garantizar un conjunto diverso de voces en el desarrollo de la IA, lo que conduce a soluciones más equitativas e inclusivas. Sin embargo, lograr una alfabetización generalizada en IA no es tarea fácil. Requiere cambios sistémicos en la educación, programas de formación empresarial e iniciativas de concienciación pública. Desde la integración de la IA en los programas escolares hasta la organización de talleres y seminarios para profesionales y personas mayores, necesitamos esfuerzos concertados a todos los niveles.

En conclusión, la alfabetización en IA ya no es una habilidad opcional, sino una necesidad en nuestro mundo infundido por la IA. A medida que avanzamos hacia un futuro cada vez más digital, la alfabetización en IA puede ayudarnos a adaptarnos y prosperar en este nuevo panorama, aprovechando el poder de la IA para crear sociedades más eficientes, innovadoras e inclusivas. La necesidad de alfabetización en IA ha llegado y es ahora. La cuestión es si estamos preparados para asumirla.

Navegamos en medio del mar digital, donde las olas de la inteligencia artificial (IA) nos empujan implacablemente hacia territorios inexplorados. La revolución de la IA ya no se vislumbra en el horizonte: está aquí y está cambiando drásticamente el mercado laboral, la economía y las normas sociales. A medida que las tecnologías de IA penetran en diversos sectores, también redefinen los requisitos de cualificación, creando la demanda de un nuevo tipo de profesional que pueda navegar cómodamente por el paisaje infundido por la IA. Entonces, ¿qué habilidades son cruciales para la era de la IA y cómo se pueden adquirir?

En primer lugar, un conocimiento rudimentario de la IA y sus subconjuntos, como el aprendizaje automático y el aprendizaje profundo, se ha convertido en una necesidad más que en una elección. Esto no implica que todo el mundo deba aspirar a convertirse en científico de datos o ingeniero de IA. Sin embargo, tener una comprensión sólida de los principios de la IA ayudará a tomar decisiones informadas, fomentar la innovación y detectar oportunidades para la implementación de la IA. Existen numerosos cursos, tutoriales y recursos en línea para adquirir estos conocimientos, lo que proporciona flexibilidad para el aprendizaje continuo.

Luego está la importancia de la alfabetización informática. Los datos son la savia de la IA, la materia prima que da vida a los algoritmos. Dado que producimos y consumimos cantidades ingentes de datos, la capacidad de interpretarlos, analizarlos y extraer conclusiones de ellos se ha convertido en una habilidad esencial. La comprensión de los métodos de recopilación de datos, las técnicas de procesamiento y la capacidad de visualizar los datos con eficacia son partes integrales de la alfabetización informática.

La programación y el pensamiento computacional también desempeñan un papel crucial en esta era de la IA. Incluso si uno no planea convertirse en un programador profesional, comprender los conceptos básicos de los lenguajes de programación - especialmente los que se utilizan ampliamente en la IA, como Python- ayuda a comunicarse con los equipos técnicos y a comprender mejor los algoritmos de la IA.

Sin embargo, este debate estaría incompleto si no hiciéramos hincapié en las "habilidades blandas", los rasgos humanos únicos que la IA aún tiene que reproducir. El pensamiento crítico, la creatividad, la inteligencia emocional y la resolución de problemas complejos son cada vez más valiosos. Estas habilidades nos permiten idear soluciones innovadoras, liderar con eficacia en un entorno impulsado por la tecnología y navegar por zonas éticamente grises.

Hablando de ética, comprender las implicaciones sociales y éticas de la IA es otra habilidad clave. A medida que la IA se va integrando en nuestras vidas e industrias, los problemas éticos y sociales que plantea adquieren mayor relevancia. Participar en el debate sobre la normativa de la IA y las consecuencias de su uso indebido puede contribuir al desarrollo de un ecosistema de IA transparente y justo.

Por último, nunca se insistirá lo suficiente en la importancia del aprendizaje continuo en este campo en rápida evolución. El ritmo de la IA y los avances tecnológicos puede ser desalentador, pero adoptar un enfoque de aprendizaje permanente puede garantizar la relevancia y adaptabilidad de cada uno.

Recuerde que las habilidades necesarias para la era de la IA no se limitan al ámbito de los especialistas en IA. Cada vez son más importantes para todos, independientemente del sector o la profesión. Al adquirir estas habilidades, tenga en cuenta que no hay un único camino que lleve al destino. Múltiples vías -cursos en línea, bootcamps, educación tradicional o autoaprendizaje- pueden llevarte hasta allí. La era de la IA, con todos sus retos y oportunidades, ya está aquí. Es hora de sumergirse en ella, equipado con los conocimientos adecuados, listo para surcar las olas de este apasionante mar digital.

La Inteligencia Artificial es una fuerza innegable que está

dando forma al futuro del trabajo. Mientras nos encontramos al borde de la revolución de la IA, es esencial comprender cómo podemos utilizarla mejor en nuestras carreras para fomentar el crecimiento, la productividad y la innovación. Las aplicaciones de la IA van mucho más allá de las funciones tecnológicas tradicionales. En todos los sectores, las tecnologías de IA están creando nuevas categorías laborales, transformando las funciones existentes y redefiniendo los requisitos de cualificación. Incluso si no está creando directamente algoritmos de IA, estar familiarizado con la IA y comprender cómo aprovecharla puede tener un impacto significativo en su progresión profesional.

Por ejemplo, los profesionales de ventas y marketing pueden aprovechar el análisis predictivo de la IA para comprender mejor el comportamiento del cliente, adaptar las campañas y mejorar la experiencia del cliente. Los profesionales de recursos humanos pueden aprovechar las herramientas de IA para la adquisición de talento, el análisis del rendimiento y el compromiso de los empleados. Los educadores pueden utilizar la IA para personalizar las experiencias de aprendizaje y evaluar eficazmente el rendimiento. En sanidad, la IA puede ayudar a diagnosticar enfermedades, agilizar las tareas administrativas y personalizar la atención al paciente.

Para utilizar eficazmente la IA en su carrera, empiece por comprender los fundamentos de la IA, el aprendizaje automático y el análisis de datos. Este conocimiento puede ayudar a identificar oportunidades en las que la IA puede aportar valor. Manténgase al día de los últimos avances en IA relacionados con su campo. Asista a seminarios, seminarios web y talleres centrados en las aplicaciones de la IA en su sector.

En segundo lugar, se trata de aceptar el cambio. Comprenda que la IA no está aquí para sustituirnos, sino para aumentar nuestras capacidades. Puede automatizar tareas mundanas, permitiéndonos centrarnos en la resolución de problemas complejos y en el pensamiento innovador. Por lo tanto, hay que estar abierto a la actualización y el reciclaje. Invierte en aprender nuevas herramientas y tecnologías que puedan mejorar tu eficiencia y productividad.

Por último, recuerde que aunque la IA puede proporcionar información basada en datos y automatizar tareas, las habilidades humanas únicas siguen siendo insustituibles. La empatía, el pensamiento crítico, la creatividad y el liderazgo son habilidades que la IA aún no domina. Así que, mientras aprovecha la IA para aumentar la productividad, siga perfeccionando estas habilidades interpersonales.

En resumen, la clave para utilizar la IA en tu carrera reside en comprender la tecnología, aceptar el cambio que conlleva y aprender y adaptarse continuamente. El potencial de la IA es enorme, y quienes aprendan a aprovecharlo se encontrarán en la vanguardia de sus carreras.

La implantación de la inteligencia artificial (IA) en las empresas ha superado la fase experimental. Ahora es una tendencia establecida que está impulsando el cambio en prácticamente todos los sectores. Ya sea a través de chatbots en la atención al cliente, algoritmos predictivos en las finanzas o procesos de automatización en la fabricación, las tecnologías de IA han demostrado su poder transformador. Los siguientes pasos pretenden ofrecer orientación sobre cómo implantar la IA en su empresa de forma eficaz y sostenible.

Para empezar, es fundamental tener una idea clara del problema que va a resolver la IA. La implantación de la IA no debe ser un enfoque tecnológico. En su lugar, las empresas deben adoptar un enfoque que dé prioridad al problema. Identificar el problema empresarial y, a continuación, explorar si la IA puede aportar una solución.

En segundo lugar, es esencial conocer las capacidades de la IA. Comprender la IA, el aprendizaje automático y el análisis de datos puede ayudar a reconocer cómo se pueden aprovechar estas tecnologías. Si su equipo no cuenta con estos conocimientos, considere la posibilidad de contratar consultores o de desarrollar la capacidad de su equipo mediante la formación.

A continuación, las empresas deben identificar los datos que utilizarán para alimentar sus soluciones de IA. La IA es tan buena como los datos con los que se entrena, así que asegúrese de la disponibilidad de datos relevantes y de alta calidad. La privacidad, la seguridad y la gestión ética de los datos también deben ser consideraciones de primer orden.

Una vez definidos el problema empresarial y los datos, es hora de empezar a construir la solución de IA. Es aconsejable empezar poco a poco. Empezar con un proyecto piloto, medir su éxito y aprender de sus resultados. Sobre la base de estos conocimientos, se puede ampliar el alcance de la implantación de la IA.

Además, mientras se implanta la IA, es esencial no perder de vista el retorno de la inversión (ROI). El hecho de que una tecnología sea tendencia no significa necesariamente que vaya a producir beneficios financieros. La inversión en IA debe tener sentido desde el punto de vista empresarial.

Por último, la gestión del cambio es clave para el éxito de la implantación de la IA. La adopción de la IA requerirá cambios en múltiples niveles: operaciones, funciones, habilidades, etc. Por lo tanto, la comunicación eficaz, el compromiso de los empleados y la formación deben formar parte integral de la estrategia de implantación de la IA.

En conclusión, la implantación de la IA en las empresas no consiste únicamente en adoptar una nueva tecnología, sino en cambiar la cultura empresarial, la estrategia y las operaciones. Se trata de aprovechar el poder de la IA para crear valor, mejorar la eficiencia y obtener una ventaja competitiva. Este viaje, si se emprende con conciencia, puede conducir a posibilidades apasionantes y a un crecimiento sin precedentes.

A medida que la inteligencia artificial (IA) se integra cada vez más en muchos aspectos de la sociedad, la comprensión de las leyes y normativas relacionadas con la IA adquiere la misma importancia. Estos marcos jurídicos orientan la forma en que deben desarrollarse, utilizarse y controlarse los sistemas de IA, con el objetivo de evitar usos indebidos y fomentar la innovación. Abarcan aspectos como la privacidad de los datos, la seguridad, la responsabilidad algorítmica, etc. Este capítulo ofrece una visión general del panorama jurídico que rodea a la IA.

En primer lugar, es importante comprender que las leyes y normativas sobre IA varían según las regiones y los países. Por ejemplo, la Unión Europea ha propuesto normativas estrictas que exigen que los sistemas de IA de alto riesgo sean transparentes y rastreables. Mientras tanto, Estados Unidos tiene un enfoque más sectorial, con diferentes normativas para aplicaciones de IA en sanidad, finanzas y transporte, entre otras áreas.

Un aspecto clave de la legislación sobre IA es la protección de datos y la privacidad. Muchos sistemas de IA se basan en grandes cantidades de datos, que a menudo incluyen información personal. Reglamentos como el Reglamento General de Protección de Datos de la Unión Europea (GDPR) y la Ley de Privacidad del Consumidor de California (CCPA) imponen reglas estrictas sobre cómo se pueden recopilar, almacenar y utilizar los datos personales. Estas leyes exigen que las empresas obtengan el consentimiento explícito de las personas antes de procesar sus datos, y que proporcionen información clara sobre cómo se utilizarán los datos.

Además de la privacidad de los datos, la normativa sobre IA también aborda la transparencia algorítmica y la rendición de cuentas. Estas leyes exigen que los procesos de toma de decisiones de los sistemas de IA puedan ser explicados y comprendidos por los seres humanos. Esto es especialmente importante en sectores como las finanzas y la sanidad, donde las decisiones de la IA pueden tener importantes consecuencias en el mundo real.

Otro ámbito emergente de la legislación sobre IA se refiere a los prejuicios y la discriminación. Dado que los sistemas de IA aprenden de los datos, pueden perpetuar inadvertidamente o incluso amplificar los sesgos presentes en esos datos. Por lo tanto, se están desarrollando leyes para garantizar que los sistemas de IA sean justos y no discriminen por motivos de raza, sexo, edad u otras características protegidas.

Por último, cabe señalar que el campo del derecho de la IA sigue evolucionando. A medida que las tecnologías de IA sigan desarrollándose y haciéndose más sofisticadas, surgirán inevitablemente nuevos retos jurídicos y éticos. Por lo tanto, mantenerse al día de los últimos avances en las leyes y reglamentos sobre IA es crucial para cualquiera que utilice o desarrolle sistemas de IA.

En conclusión, comprender las leyes y normativas sobre IA es crucial para navegar por el panorama de la IA de forma responsable y eficaz. Estas leyes ayudan a garantizar que las tecnologías de IA se utilicen de forma que se respeten los derechos de las personas y se promueva el bienestar de la sociedad.

El uso de la inteligencia artificial (IA) ha tenido profundas implicaciones sociales y éticas. Los sistemas de IA tienen el potencial de beneficiar enormemente a la humanidad, pero si se utilizan de forma inadecuada, también pueden tener consecuencias perjudiciales. Por ello, es de suma importancia comprender las consideraciones éticas a la hora de utilizar la IA.

En primer lugar, está la cuestión de la privacidad. Los sistemas de IA requieren a menudo grandes cantidades de datos, algunos de los cuales pueden ser personales o sensibles. Por lo tanto, es crucial garantizar que los datos se obtienen, almacenan y utilizan de forma que se respeten los derechos de privacidad individuales. De lo contrario, no sólo se vulnera la confianza, sino que pueden producirse importantes consecuencias jurídicas.

En segundo lugar, hay que tener en cuenta la equidad. Los sistemas de IA, si no están bien diseñados, pueden perpetuar o incluso exacerbar los prejuicios existentes. Por ejemplo, un sistema de IA entrenado con datos sesgados puede tomar decisiones discriminatorias que lleven a resultados injustos. Desde el punto de vista ético, es necesario mitigar estos sesgos y luchar por la equidad en los resultados de la IA. La transparencia es otra consideración ética importante. El proceso de toma de decisiones de los sistemas de IA puede ser a veces opaco, lo que se conoce como IA de "caja negra". Esta falta de transparencia puede hacer difícil determinar por qué un sistema de IA tomó una decisión concreta, lo que es problemático en situaciones de alto riesgo como la asistencia sanitaria o la justicia penal. Una IA ética debe ser, en la medida de lo posible, transparente e interpretable.

La responsabilidad también es primordial. Si un sistema de

IA causa daños, es importante disponer de mecanismos para que las partes responsables rindan cuentas. Puede tratarse de la organización que desarrolló la IA, los usuarios o incluso los reguladores. Unas líneas claras de rendición de cuentas pueden fomentar el uso responsable de la IA y proporcionar recursos si las cosas van mal.

Además, las implicaciones éticas de la IA también se extienden a su impacto en el empleo. Aunque la IA puede agilizar las operaciones y mejorar la eficiencia, también puede provocar la pérdida de puestos de trabajo. Esto plantea cuestiones éticas sobre la responsabilidad de las organizaciones y los gobiernos para apoyar a aquellos cuyos puestos de trabajo se ven afectados.

Por último, hay que considerar las repercusiones a largo plazo. Algunos han advertido de los riesgos de una IA avanzada que podría superar la inteligencia humana. Aunque este escenario es especulativo y lejano, algunos lo consideran lo suficientemente importante como para justificar una seria consideración.

En conclusión, aunque la IA tiene el potencial de aportar importantes beneficios, también presenta retos éticos que deben tenerse en cuenta. Las consideraciones éticas en la IA no son sólo una cuestión de cumplimiento de las leyes y reglamentos, sino un compromiso para utilizar la tecnología de una manera que respete los derechos humanos, promueva la equidad y beneficie a la sociedad en su conjunto.

A medida que la inteligencia artificial (IA) sigue evolucionando y madurando, está remodelando numerosos aspectos de nuestra sociedad y nuestras vidas personales. Por consiguiente, prepararse para un futuro impulsado por la IA no sólo es prudente, sino esencial. Este capítulo explora varias estrategias y perspectivas para equipar a individuos, empresas y gobiernos para la inevitable proliferación de la IA.

En primer lugar, la adquisición de conocimientos sobre la IA es fundamental para todos, no sólo para quienes trabajan directamente con ella. A medida que la IA se integre más profundamente en la vida cotidiana, será cada vez más importante comprender sus fundamentos, sus capacidades y limitaciones, y sus implicaciones éticas. La alfabetización en IA puede capacitar a las personas para interactuar eficazmente con los sistemas de IA y tomar decisiones con conocimiento de causa. En segundo lugar, para las empresas, adoptar la IA significa algo más que adoptar tecnologías de IA. Requiere una transformación de los modelos y operaciones empresariales para aprovechar todo el potencial de la IA. Las empresas deben dar prioridad a la infraestructura de datos, invertir en talento de IA y desarrollar una hoja de ruta estratégica para la integración de la IA. Además, deben considerar las implicaciones éticas de sus iniciativas de IA y esforzarse por utilizarla de forma responsable. Para quienes deseen iniciar o avanzar en su carrera profesional en el campo de la IA, es crucial obtener las competencias adecuadas. Esto incluye no sólo las habilidades técnicas, como la programación y el análisis de datos, sino también las habilidades interpersonales, como el pensamiento crítico y el razonamiento ético. Además, el aprendizaje permanente es imprescindible, ya que el campo de la IA evoluciona constantemente.

A nivel social, los gobiernos desempeñan un papel clave en la configuración del futuro impulsado por la IA. Deben promover la investigación y el desarrollo de la IA, fomentar una mano de obra preparada para la IA y crear marcos normativos que fomenten la innovación al tiempo que protegen a las personas y a la sociedad. Igualmente importante es su papel a la hora de mitigar los posibles efectos negativos de la IA, como el desplazamiento de puestos de trabajo y el aumento de la desigualdad.

Por último, prepararse para un futuro impulsado por la IA implica considerar y abordar los posibles riesgos a largo plazo de la IA. Aunque la perspectiva de una IA superinteligente sigue siendo especulativa, es prudente empezar a considerar sus implicaciones ahora. Los responsables políticos, los investigadores y la sociedad en general deben entablar un diálogo reflexivo sobre estos riesgos a largo plazo y las posibles estrategias de mitigación.

En conclusión, prepararse para un futuro impulsado por la IA es una tarea polifacética que requiere un esfuerzo concertado a nivel individual, organizativo y social. Si tomamos medidas proactivas ahora, podremos superar los retos, aprovechar las oportunidades y dar forma a un futuro en el que la IA se utilice en beneficio de toda la humanidad.

CAPÍTULO 6: EL IMPACTO GLOBAL DE LA IA: UNA MIRADA MÁS DE CERCA

La interrelación entre la Inteligencia Artificial (IA) y el medio ambiente es un tema de creciente importancia, ya que la IA tiene el potencial tanto de contribuir a los retos medioambientales como de aliviarlos. Profundicemos en cómo influye la IA en nuestro medio ambiente, los retos que plantea y las oportunidades que brinda para la sostenibilidad medioambiental.

La Inteligencia Artificial, como herramienta, tiene el potencial de ayudar enormemente a controlar, comprender y combatir los problemas medioambientales. Con los avances en el aprendizaje automático, los sistemas de IA pueden procesar y analizar grandes cantidades de datos medioambientales, ayudando a mejorar nuestra comprensión de los complejos sistemas medioambientales. Por ejemplo, los algoritmos de IA pueden analizar imágenes de satélite para rastrear la deforestación o predecir patrones meteorológicos con mayor precisión. Esto puede servir de base para la climatología, la elaboración de políticas y las estrategias de gestión de catástrofes.

Además, la IA puede ayudar a optimizar el uso de los recursos en muchas industrias, reduciendo así la huella medioambiental. En la agricultura, por ejemplo, la IA puede optimizar el riego y reducir el consumo de agua. En energía, la IA puede mejorar la eficiencia de la red y facilitar la integración de fuentes renovables.

Sin embargo, la relación entre la IA y el medio ambiente no es del todo positiva. Los sistemas de IA pueden consumir cantidades significativas de energía, sobre todo en el caso del procesamiento de datos a gran escala o el entrenamiento de modelos complejos de aprendizaje automático. Esto puede contribuir a las emisiones de carbono, sobre todo si la energía utilizada no procede de fuentes renovables.

La IA también impulsa la creciente demanda de centros de datos, conocidos por su importante consumo de energía y su impacto medioambiental. Según un estudio de Nature, los centros de datos fueron responsables de alrededor del 1% del uso mundial de electricidad en 2018. Con el crecimiento de la IA, se espera que esta cifra aumente.

Por último, si bien la IA tiene el potencial de optimizar el uso de recursos, también puede impulsar el consumo. A medida que los productos y servicios impulsados por IA se integran más en nuestras vidas, la demanda de nuevos dispositivos, Internet más rápido y más datos podría contribuir a un mayor uso de energía y residuos electrónicos.

Para hacer frente a estos retos y oportunidades, es importante integrar las consideraciones de sostenibilidad en el desarrollo y despliegue de la IA. Esto incluye dar prioridad a los modelos de IA eficientes desde el punto de vista energético, aprovechar las energías renovables para las operaciones de IA y desarrollar soluciones de IA que aborden los retos medioambientales. Si se aplica cuidadosamente, la IA puede convertirse en una poderosa herramienta en nuestra lucha contra los problemas medioambientales y en nuestra búsqueda de un futuro sostenible.

La Inteligencia Artificial (IA) tiene un enorme potencial para mejorar la vida de las personas en los países en desarrollo. Sin embargo, para garantizar que los beneficios de la IA se distribuyan equitativamente, es esencial comprender los retos y oportunidades únicos que la IA presenta en estos contextos. Este capítulo explora el impacto de la IA en los países en desarrollo, centrándose en cuestiones de acceso, aplicación y política.

En primer lugar, el potencial de la IA en los países en desarrollo es significativo. La IA puede abordar diversos problemas acuciantes, como la sanidad, la agricultura, la educación y la gestión de catástrofes. En sanidad, la IA puede ayudar a diagnosticar enfermedades, predecir brotes y gestionar los recursos sanitarios de forma más eficiente. En agricultura, la IA puede optimizar el riego, predecir el rendimiento de las cosechas y detectar precozmente las enfermedades de las plantas. En educación, la IA puede permitir el aprendizaje personalizado, mejorar la accesibilidad de los estudiantes con discapacidades y apoyar la formación de los profesores. Y en la gestión de catástrofes, la IA puede predecir y mitigar los efectos de las catástrofes naturales, salvando así vidas y recursos.

Sin embargo, a pesar de estos beneficios potenciales, existen importantes retos para la adopción y el impacto de la IA en los países en desarrollo. Uno de los principales es la falta de acceso a la tecnología y de conectividad a Internet. Según las Naciones Unidas, en 2019, solo el 19% de las personas en los países menos desarrollados utilizaban Internet. Sin un acceso adecuado a las tecnologías digitales, los beneficios de la IA están fuera del alcance de muchos.

Además, la escasez de datos es un problema significativo en muchos países en desarrollo, y sin datos relevantes y de alta calidad, la efectividad de las aplicaciones de IA puede verse limitada. Los problemas de privacidad, la seguridad de los datos y las consideraciones éticas relacionadas con la recopilación y el uso de datos son también retos importantes que hay que abordar.

La falta de cualificación es otro obstáculo. Los países en desarrollo carecen a menudo del capital humano necesario para desarrollar y gestionar sistemas de IA. Esta carencia incluye no sólo los conocimientos técnicos, sino también la comprensión política, ética y social necesaria para navegar por el panorama de la IA.

La IA también puede exacerbar las desigualdades existentes en los países en desarrollo. Sin una consideración y regulación cuidadosas, el despliegue de las tecnologías de IA podría beneficiar desproporcionadamente a los ricos, ampliando aún más las brechas socioeconómicas.

Para hacer frente a estos retos es necesario un enfoque global y multilateral. Los gobiernos, las organizaciones internacionales, las ONG, el sector privado y las comunidades locales tienen todos un papel que desempeñar. Las políticas e iniciativas deben centrarse en la mejora de la infraestructura digital, la promoción de la alfabetización digital, el fomento de la investigación y el desarrollo locales de la IA y la garantía de que las tecnologías de IA se utilicen de forma ética y responsable.

Además, las estrategias de IA deben ser específicas para cada contexto, teniendo en cuenta los retos, las necesidades y las oportunidades propias de cada país o región. De este modo, podemos aprovechar la IA no sólo como una herramienta para el crecimiento económico, sino también como un medio para abordar los retos sociales, medioambientales y económicos de los países en desarrollo.

En conclusión, aunque el camino para aprovechar el potencial de la IA en los países en desarrollo está plagado de retos, las oportunidades son significativas. Mediante una planificación cuidadosa, la colaboración y la consideración de los contextos locales, la IA puede ser una herramienta poderosa para avanzar en el desarrollo sostenible y mejorar la vida de las personas en los países en desarrollo En un mundo cada día más conectado, la influencia de la Inteligencia Artificial (IA) en la seguridad global es un debate crítico. Desde los mecanismos de ciberdefensa hasta las armas autónomas y las relaciones internacionales, las tecnologías de IA han traído consigo tanto mejoras de la seguridad como nuevas vulnerabilidades.

En el lado positivo, la IA ha sido una bendición para la ciberseguridad. Los sistemas impulsados por IA pueden identificar y reaccionar ante las amenazas con mayor rapidez y precisión que los equipos formados únicamente por humanos, trabajando incansablemente para vigilar las redes en busca de actividades sospechosas, detectar anomalías e incluso predecir posibles ataques. Esta capacidad predictiva puede ayudar a las naciones y organizaciones a ser proactivas a la hora de reforzar sus defensas y prevenir los ciberataques.

Además, la IA también ayuda en la investigación de incidentes de ciberseguridad procesando grandes cantidades de datos rápidamente, identificando correlaciones, patrones y fuentes de ataques. Se utiliza cada vez más para combatir el fraude en línea, el robo de identidad y las estafas de phishing, mejorando significativamente la seguridad digital a nivel individual y organizativo.

En las aplicaciones militares, la IA y las tecnologías de aprendizaje automático pueden transformar potencialmente la guerra. La vigilancia y el reconocimiento mejorados con IA pueden aumentar la precisión y reducir el riesgo para los soldados humanos. Las armas autónomas, impulsadas por la IA, podrían ejecutar misiones con precisión, reduciendo los daños colaterales.

Sin embargo, el uso de la IA en contextos de seguridad también introduce nuevas vulnerabilidades y desafíos éticos. A medida que los sistemas de IA se convierten en partes esenciales de las infraestructuras de seguridad, también se convierten en objetivos atractivos para los adversarios. Los ciberatacantes sofisticados pueden manipular estos sistemas mediante técnicas como la IA adversaria, en la que introducen datos engañosos en los sistemas de IA para provocar un funcionamiento incorrecto.

El desarrollo y uso de armas autónomas también ha planteado serias cuestiones éticas. Cuando la IA asume funciones con consecuencias de vida o muerte, surgen cuestiones sobre la rendición de cuentas y la transparencia en la toma de decisiones. Los críticos sostienen que las armas autónomas podrían cambiar la naturaleza de la guerra de forma que se intensificaran los conflictos o se redujera el umbral para ir a la guerra. En el plano internacional, las disparidades en las capacidades de IA entre países podrían dar lugar a un nuevo tipo de carrera armamentística, exacerbando las tensiones mundiales. Las preguntas sobre cómo se aplican las leyes internacionales a las herramientas y armas basadas en la IA siguen sin respuesta, creando un potencial de conflicto.

En este sentido, la comunidad internacional debe colaborar en la creación de normas y reglamentos que regulen el uso de la IA en contextos de seguridad. Esto debería implicar un diálogo abierto, comprensión mutua y acuerdo sobre principios éticos. La cooperación internacional es necesaria no sólo para responder a las amenazas a la seguridad de la IA, sino también para guiar el desarrollo y el uso responsables de la IA de forma que contribuya a la paz y la estabilidad, en lugar de socavarlas.

La Inteligencia Artificial (IA) ha empezado a desempeñar un papel cada vez más importante en la sanidad mundial, desde la detección y prevención de enfermedades hasta la atención a los pacientes y la gestión de los sistemas sanitarios. Su potencial para transformar la atención sanitaria es enorme; sin embargo, la adopción y el uso eficaz de la IA en este ámbito conllevan retos y consideraciones éticas únicos.

La IA puede mejorar la detección y el diagnóstico de enfermedades analizando imágenes médicas, información genética o patrones en los datos de los pacientes. Puede detectar anomalías que podrían pasar desapercibidas al ojo humano, contribuyendo así a un diagnóstico precoz y mejorando los resultados de los pacientes. Por ejemplo, se han entrenado algoritmos de IA para detectar enfermedades como el cáncer, la retinopatía diabética y las cardiopatías, a menudo con una precisión comparable o superior a la de los médicos.

En el ámbito de la prevención y el control de enfermedades, la IA puede analizar grandes conjuntos de datos procedentes de diversas fuentes para predecir brotes de enfermedades y fundamentar intervenciones de salud pública. Durante la pandemia de COVID-19, se utilizaron modelos de IA para predecir la propagación del virus, analizar su información genética y contribuir al diseño de posibles tratamientos y vacunas.

La IA también puede contribuir a la atención al paciente mediante plataformas de telemedicina, dispositivos de control sanitario y planes de tratamiento personalizados. Estas aplicaciones pueden mejorar el acceso a la asistencia sanitaria, especialmente en zonas remotas o desatendidas, y permitir una atención más personalizada y eficaz.

En el ámbito de los sistemas sanitarios, la IA puede ayudar a gestionar los recursos de forma más eficiente, predecir el flujo de pacientes, optimizar la programación y fundamentar las decisiones estratégicas. Esto puede conducir a sistemas sanitarios más eficientes y eficaces, mejorando los resultados sanitarios a nivel de población.

Sin embargo, la integración de la IA en la sanidad mundial también presenta retos. La calidad y disponibilidad de los datos, especialmente en entornos con pocos recursos, puede limitar la eficacia de las aplicaciones de IA. También deben abordarse las cuestiones éticas relacionadas con la privacidad de los datos, el consentimiento y el sesgo algorítmico.

Además, aunque la IA puede aumentar las capacidades de los profesionales sanitarios, no puede sustituir el toque humano en la asistencia sanitaria. Por lo tanto, la interfaz entre el ser humano y la IA en la asistencia sanitaria requiere un diseño y una regulación cuidadosos.

Por último, la introducción de la IA en la asistencia sanitaria puede exacerbar las disparidades sanitarias existentes si no se gestiona con cuidado. Por ejemplo, si las tecnologías de IA sirven principalmente a las poblaciones o países más ricos, podrían aumentar las disparidades sanitarias.

Para hacer frente a estos retos es necesaria la cooperación mundial y centrarse en la equidad, la ética y una sólida gobernanza de los datos. A medida que aprovechamos el poder de la IA en la salud mundial, es crucial que lo hagamos de manera que mejore la salud y el bienestar humanos en todo el mundo, en lugar de exacerbar las disparidades existentes. Ante estos retos y oportunidades, el papel de la IA en la salud mundial es un tema de suma importancia.

A medida que el mundo sigue adoptando las tecnologías digitales, la Inteligencia Artificial (IA) se está convirtiendo en un factor definitorio de una nueva brecha digital. Esta brecha ya no se refiere únicamente al acceso a Internet y a los dispositivos digitales, sino también a la capacidad de aprovechar la tecnología de la IA para obtener beneficios económicos y sociales.

La IA tiene un enorme potencial para mejorar el nivel de vida, la eficiencia y la toma de decisiones. En el mundo desarrollado, la IA está reconfigurando las industrias, aumentando la productividad y proporcionando nuevos servicios y comodidades. Pero este progreso no se ha distribuido uniformemente. En muchas partes del mundo en desarrollo, el acceso limitado a la tecnología, la falta de infraestructura de datos y los déficits de cualificación hacen que los beneficios de la IA sigan estando en gran medida fuera de su alcance.

Las consecuencias de la brecha digital potenciada por la IA podrían ser de gran alcance. Desde el punto de vista económico, los países y regiones que no sean capaces de aprovechar la IA pueden encontrarse en una situación de desventaja competitiva, con repercusiones en el crecimiento económico y las oportunidades de empleo. Socialmente, los beneficios de la IA, como la mejora de la sanidad, la educación y los servicios sociales, pueden no llegar a los más necesitados, exacerbando las desigualdades sociales.

Además, los datos utilizados para entrenar los sistemas de IA suelen estar sesgados hacia las sociedades occidentales desarrolladas, reflejando sus preferencias y normas. Esto puede dar lugar a sistemas de IA que no sean culturalmente sensibles o relevantes, e incluso discriminatorios, para quienes proceden de otras regiones o culturas.

Los esfuerzos para superar esta brecha digital no deben limitarse a proporcionar acceso a la tecnología. Deben abordar retos subyacentes como la educación, el desarrollo de competencias y la infraestructura de datos. Promover la alfabetización en IA es fundamental para dotar a las personas de los conocimientos y habilidades necesarios para utilizar y navegar eficazmente por los sistemas de IA.

Además, las políticas e iniciativas deben garantizar el desarrollo y despliegue éticos e inclusivos de la IA. Esto incluye la necesidad de disponer de datos diversos para entrenar los sistemas de IA, con el fin de garantizar que sean pertinentes y justos para las diferentes culturas y sociedades. Y supone garantizar que los beneficios de la IA se compartan ampliamente, para evitar concentraciones de poder y riqueza.

En resumen, la brecha digital potenciada por la IA es un problema complejo y acuciante. Aunque el potencial de la IA para mejorar la vida de las personas es enorme, hacer realidad este potencial requiere estrategias concertadas, inclusivas y justas tanto a nivel local como mundial. La IA tiene el potencial de reducir las diferencias y acelerar el progreso hacia los objetivos globales, pero también puede exacerbar las desigualdades si no se gestiona con cuidado.

Uno de los aspectos más debatidos de la inteligencia artificial (IA) es su posible impacto en el mercado laboral. La llegada de la IA ha provocado un cambio de paradigma en la mano de obra y está modificando drásticamente el panorama del empleo tal y como lo conocemos.

En primer lugar, la tecnología de IA ha empezado a automatizar diversas tareas rutinarias y manuales. En las industrias manufactureras y de producción, el auge de la robótica impulsada por la IA ha automatizado considerablemente las cadenas de montaje, lo que ha aumentado la eficiencia, pero también ha provocado el desplazamiento de trabajadores manuales. En el sector servicios, los sistemas de IA son cada vez más capaces de gestionar tareas como la programación, la atención al cliente y la gestión de datos, lo que hace temer la pérdida de empleo entre los trabajadores administrativos.

En segundo lugar, la llegada de la IA está creando una mayor demanda de mano de obra altamente cualificada, sobre todo en campos relacionados con la tecnología y el análisis de datos. Estos trabajos suelen requerir una gran experiencia y una creatividad en la resolución de problemas que la IA no puede reproducir. Esta transición está creando una "brecha de competencias" en la que la demanda de estos empleos altamente cualificados supera al número de trabajadores cualificados.

Al mismo tiempo, la IA está generando categorías laborales completamente nuevas. Entre ellas se encuentran la investigación y el desarrollo relacionados con la IA, la ética, la elaboración de políticas y la creación, implantación y mantenimiento de sistemas de IA. Estos nuevos empleos ofrecen interesantes oportunidades, pero a menudo exigen conocimientos y formación especializados.

La IA también puede alterar significativamente las funciones y tareas de los puestos de trabajo, aunque no los sustituya por completo. Por ejemplo, puede automatizar ciertas tareas, liberando a los empleados para que se centren en aspectos más complejos o creativos de su trabajo. Sin embargo, esto también puede conducir a la polarización del empleo, donde los puestos de trabajo de cualificación media disminuyen, y los puestos de trabajo de baja y alta cualificación aumentan.

El impacto de la IA en el empleo también tiene importantes implicaciones sociales. El desplazamiento de puestos de trabajo puede exacerbar la desigualdad de ingresos, tanto dentro de los países como entre ellos, y provocar un aumento del malestar social. Por otro lado, la IA puede crear potencialmente nueva riqueza y crecimiento económico, que pueden aprovecharse para promover el bienestar de la sociedad si se distribuyen equitativamente.

En última instancia, el alcance del impacto de la IA en el empleo dependerá de diversos factores, como el ritmo del desarrollo tecnológico, las condiciones económicas y las respuestas políticas. Es vital que los responsables políticos, las empresas y las instituciones educativas trabajen juntos para gestionar esta transición, fomentando un mercado laboral que pueda adaptarse a la naturaleza cambiante del trabajo y garantizando que los beneficios de la IA se compartan ampliamente.

La Inteligencia Artificial (IA) no es sólo un fenómeno tecnológico o económico, sino también cultural. Al modificar nuestras interacciones, hábitos y entornos, la IA está dejando una huella significativa en nuestra cultura global.

La cultura se refiere a los valores, normas, símbolos y prácticas compartidos que caracterizan a un grupo de personas. A medida que los sistemas de IA se integran más en nuestra vida cotidiana, empiezan a moldear e influir en estos elementos culturales. Por ejemplo, las plataformas de medios sociales impulsadas por la IA afectan a nuestras prácticas de comunicación y dan forma a nuestras conversaciones colectivas. Influyen en qué temas y opiniones adquieren visibilidad, dando forma a nuestras narrativas y normas compartidas.

Además, la IA también afecta a la diversidad cultural. Por

un lado, la IA tiene el potencial de apoyar la diversidad cultural proporcionando plataformas para compartir y promover diferentes culturas. Los algoritmos de traducción automática pueden derribar las barreras lingüísticas y permitir el intercambio intercultural de ideas. La IA también puede ayudar a preservar lenguas y prácticas culturales en peligro de extinción grabándolas y haciéndolas accesibles digitalmente. Por otro lado, la IA también puede plantear retos a la diversidad cultural. Los algoritmos reflejan a menudo los prejuicios de sus creadores o de los datos con los que se entrenan, que proceden predominantemente de contextos occidentales, sobre todo estadounidenses. Esto puede dar lugar a sistemas de IA que favorezcan determinadas perspectivas culturales y marginen otras. Además, el dominio mundial de unas pocas empresas tecnológicas de IA puede conducir a una homogeneización de los espacios digitales, reduciendo la variedad cultural.

Tampoco hay que pasar por alto el impacto de la IA en la producción cultural -arte, literatura, música, etc.-. La IA ya se está utilizando para crear nuevas formas de arte y música, dando lugar a nuevos estilos estéticos y procesos creativos. Mientras algunos temen que la IA pueda devaluar la creatividad humana, otros sostienen que abre nuevas posibilidades creativas.

En conclusión, a medida que avanzamos en la era de la IA, es crucial fomentar un diálogo global sobre su impacto cultural. Debemos asegurarnos de que la IA respeta y fomenta la diversidad cultural y de que se utiliza para promover una cultura global más inclusiva, diversa y creativa.

CAPÍTULO 7: MIRANDO AL FUTURO: EL FUTURO DE LA IA Y EL APRENDIZAJE AUTOMÁTICO

Al asomarnos al futuro de la inteligencia artificial (IA) y el aprendizaje automático, destaca una tecnología con un inmenso potencial: la computación cuántica. Este campo de vanguardia está a punto de revolucionar la forma en que procesamos la información y resolvemos problemas complejos, incluidos los de la IA y el aprendizaje automático.

Los ordenadores tradicionales, incluidos los superordenadores utilizados para tareas avanzadas de IA, utilizan bits clásicos para procesar la información. Estos bits existen en un estado de 0 o 1, un sistema binario que constituye la base de toda la tecnología digital actual. Sin embargo, los ordenadores cuánticos aprovechan los principios de la mecánica cuántica para procesar la información de una forma fundamentalmente distinta. En lugar de bits clásicos, utilizan bits cuánticos o qubits, que pueden existir en un estado de 0, 1 o ambos al mismo tiempo, un concepto conocido como superposición. Además, los qubits pueden entrelazarse, fenómeno por el cual el estado de un qubit afecta instantáneamente al estado de otro, independientemente de la distancia que los separe. Estas propiedades cuánticas prometen aumentos exponenciales de la potencia de cálculo. Para problemas complejos, un ordenador cuántico con unos cientos de qubits podría superar a los ordenadores clásicos con miles de millones de bits. Esta capacidad hace que la computación cuántica resulte especialmente interesante para la IA y el aprendizaje automático, campos que a menudo trabajan con conjuntos de datos masivos y problemas de optimización complejos.

En concreto, el aprendizaje automático cuántico -un campo emergente que combina la computación cuántica y el aprendizaje automático- podría redefinir lo que es computacionalmente factible. Los algoritmos cuánticos podrían acelerar considerablemente los tiempos de entrenamiento de los modelos de aprendizaje automático, lo que permitiría aplicaciones de IA más sofisticadas. También podrían facilitar el manejo de big data, ya que los sistemas cuánticos pueden procesar grandes cantidades de datos de forma más eficiente.

Sin embargo, es esencial reconocer que aún estamos en las primeras fases de la computación cuántica. Hay que superar muchos obstáculos técnicos antes de que los ordenadores cuánticos puedan superar a los clásicos en aplicaciones prácticas. Entre ellos se encuentran el aumento del número de qubits, el mantenimiento de la coherencia cuántica y el desarrollo de algoritmos cuánticos eficientes.

De cara al futuro, la posible interacción entre la informática cuántica, la IA y el aprendizaje automático es una frontera apasionante para la investigación y la innovación. Será fascinante observar los avances en este campo, sus implicaciones para la IA y el aprendizaje automático, y su potencial para remodelar nuestro panorama tecnológico.

Una de las tendencias más transformadoras en el horizonte es la convergencia de la Inteligencia Artificial (IA) y el Internet de las Cosas (IoT) en la formación de ciudades inteligentes. A medida que la población urbana sigue creciendo y las infraestructuras de las ciudades se digitalizan cada vez más, la unión de las tecnologías de IA e IoT ofrece oportunidades sin precedentes para mejorar la calidad de la vida urbana.

En esencia, una ciudad inteligente utiliza la tecnología y los datos para mejorar la calidad de vida de los ciudadanos, aumentar la sostenibilidad y agilizar los servicios urbanos. Para hacerlo con eficacia, se requiere la interconexión sin fisuras de dispositivos y sistemas, una infraestructura que el IoT puede proporcionar. Los dispositivos IoT, desde coches conectados y sensores de tráfico hasta contadores inteligentes y dispositivos para llevar puestos, generan un flujo constante de datos que pueden aprovecharse para hacer que las ciudades sean más eficientes y reactivas.

Aquí es donde entra en juego la IA. El enorme volumen de datos generados en una ciudad inteligente puede desbordar los métodos tradicionales de procesamiento de datos. La IA, con su capacidad para analizar grandes conjuntos de datos y extraer ideas significativas, puede dar sentido a esta avalancha de datos. Puede identificar patrones, hacer predicciones e incluso tomar decisiones, convirtiendo los datos brutos en información procesable.

Por ejemplo, la IA puede analizar los datos de tráfico de los sensores IoT para optimizar las secuencias de los semáforos, reducir la congestión y mejorar la calidad del aire. Puede predecir la demanda de energía basándose en datos de contadores inteligentes y previsiones meteorológicas, lo que permite un uso más eficiente de la energía. La IA puede incluso contribuir a una asistencia sanitaria proactiva, con dispositivos portátiles que controlan las constantes vitales y algoritmos de IA que predicen problemas de salud antes de que se agraven.

Sin embargo, aunque la fusión de IA e IoT es muy prometedora, también plantea importantes retos. La seguridad y la privacidad de los datos son preocupaciones primordiales en un mundo en el que cada vez hay más dispositivos conectados y recopilando datos. Además, la dependencia de la IA para la toma de decisiones puede dar lugar a problemas de responsabilidad y parcialidad, especialmente si los sistemas de IA son "cajas negras" opacas.

De cara al futuro, la integración de la IA y la IO en el contexto de las ciudades inteligentes será un área de inmenso crecimiento y evolución. Con una gobernanza meditada y una cuidadosa atención a los posibles escollos, estas tecnologías pueden revolucionar verdaderamente la vida urbana, creando una experiencia urbana más sostenible, eficiente y agradable. A medida que nos adentramos en el siglo XXI, el campo del Procesamiento del Lenguaje Natural (PLN), en rápida evolución, está alterando fundamentalmente nuestras interacciones con la tecnología y ofreciendo nuevas y apasionantes posibilidades para el futuro de la Inteligencia Artificial (IA).

La PNL, una rama de la IA, es la tecnología utilizada para ayudar a los ordenadores a comprender el lenguaje humano. No se trata sólo de entender e interpretar el lenguaje, sino también de generar textos similares a los humanos, lo que permite a los ordenadores comunicarse con los humanos de forma más natural e intuitiva.

La aparición de sofisticadas técnicas de PNL ya ha sido transformadora. Por ejemplo, estamos viendo su impacto en asistentes activados por voz como Siri y Alexa, en servicios de traducción automática como Google Translate y en el análisis avanzado de sentimientos utilizado en el seguimiento de las redes sociales.

Recientemente, la PNL ha avanzado mucho con el desarrollo de modelos como GPT-3 de OpenAI. Este modelo de predicción lingüística es capaz de generar un texto impresionantemente similar al humano, lo que abre un abanico de aplicaciones que van desde la redacción de correos electrónicos a la creación de contenidos escritos. Es un testimonio de lo lejos que ha llegado la PNL, pero también un indicio de lo que está por venir.

De cara al futuro, podemos anticipar aún más avances. Por ejemplo, podríamos ver mejoras en la calidad de la traducción automática que se acerquen, o incluso superen, el nivel humano. También podríamos ver sistemas de diálogo más sofisticados capaces de mantener conversaciones complejas, comprender el contexto y mostrar empatía. Se producirá un aumento del uso de la PNL en sectores como la sanidad, donde puede utilizarse para interpretar literatura médica o historiales de pacientes, y el derecho, donde podría ayudar en el análisis de documentos.

Sin embargo, estos avances conllevan importantes retos. Garantizar el uso ético de la PNL, sobre todo en lo que respecta a la privacidad de los datos y el posible uso indebido de la tecnología, será crucial. Igualmente importante será conseguir que estos sofisticados modelos sean más transparentes y comprensibles.

En conclusión, el futuro de la PNL está lleno de posibilidades.

Es un espacio en el que los límites de la innovación se amplían continuamente, y su convergencia con otras áreas de la IA catalizará sistemas más complejos e inteligentes. Promete no sólo redefinir nuestras interacciones con la tecnología, sino también aportar nuevas soluciones a algunos de nuestros retos más acuciantes.

El análisis predictivo, una rama del análisis avanzado que utiliza datos nuevos e históricos para predecir actividades, tendencias y comportamientos, está actualmente a la vanguardia de la revolución de la IA. Aprovechando el poder del aprendizaje automático y la minería de datos, está transformando las empresas, la sanidad e incluso nuestra vida cotidiana al permitirnos tomar decisiones proactivas basadas en datos.

El análisis predictivo puede ayudar a las empresas a prever la demanda, optimizar las campañas de marketing e incluso predecir las necesidades de mantenimiento de la maquinaria. En la sanidad, puede prever brotes de enfermedades, predecir las tasas de readmisión de pacientes y ayudar a personalizar los planes de tratamiento. En los servicios financieros, puede evaluar la probabilidad de que se produzcan impagos o detectar transacciones fraudulentas. Además, con la creciente sofisticación de los algoritmos de IA y la disponibilidad de ingentes cantidades de datos, el poder predictivo de estos sistemas está creciendo exponencialmente. De cara al futuro, el potencial del análisis predictivo es inmenso. Pensemos, por ejemplo, en el cambio climático. Los modelos predictivos podrían analizar grandes cantidades de datos medioambientales para predecir futuros patrones climáticos, ayudando al desarrollo de prácticas sostenibles y mitigando los riesgos de catástrofes.

Del mismo modo, en el ámbito de la salud personal, la tecnología ponible podría seguir nuestras constantes vitales y hábitos de vida, utilizando el análisis predictivo para proporcionar información y predicciones sanitarias personalizadas. Estas predicciones podrían ayudar a detectar enfermedades en una fase temprana, promover estilos de vida más saludables y revolucionar la atención sanitaria preventiva.

Sin embargo, el análisis predictivo no está exento de dificultades. En particular, la precisión de las predicciones depende en gran medida de la calidad y cantidad de los datos utilizados. Los datos pueden estar sesgados o incompletos, lo que da lugar a predicciones inexactas o discriminatorias. Además, a medida que las predicciones se integran cada vez más en la toma de decisiones, surgen preocupaciones sobre la privacidad y la seguridad, así como cuestiones éticas sobre la autonomía de la toma de decisiones humanas.

A pesar de estos retos, el poder del análisis predictivo promete un futuro más eficiente, proactivo y basado en el conocimiento. Con los continuos avances en IA y recopilación de datos, nuestra capacidad para predecir y prepararnos para el futuro no hará sino perfeccionarse. Mientras navegamos por este prometedor panorama, debemos esforzarnos por aprovechar este poder de forma responsable, equilibrando los beneficios de los conocimientos predictivos con las implicaciones éticas que conllevan. A medida que el ámbito de la inteligencia artificial sigue expandiéndose y evolucionando, también lo hace la importancia de las consideraciones éticas. A medida que los sistemas de IA se entrelazan en nuestra vida cotidiana, la ética de la IA -los principios morales que guían su uso y su impacto en la sociedad- es un área de atención cada vez más crítica.

Una de las principales preocupaciones éticas es la equidad y la prevención de los prejuicios. Los sistemas de IA son tan buenos como los datos de los que aprenden, y cuando estos datos reflejan prejuicios sociales, la IA puede perpetuar o exacerbar inadvertidamente estos prejuicios. Algunos ejemplos son el sesgo racial en la tecnología de reconocimiento facial o el sesgo de género en los algoritmos de contratación. La búsqueda de una IA justa e imparcial es un reto importante, pero es crucial para garantizar una aplicación responsable y equitativa de la IA.

La transparencia es otro aspecto esencial de la IA ética. Para confiar en los sistemas de IA, especialmente en los que toman decisiones de alto riesgo, los usuarios deben entender cómo toman sus decisiones. Sin embargo, muchos sistemas avanzados de IA, como los modelos de aprendizaje profundo, son notoriamente opacos, comportándose como "cajas negras". Se están realizando esfuerzos para hacer que la IA sea más explicable e interpretable, fomentando una mayor transparencia y confianza.

Además, el auge de la IA plantea cuestiones sobre la privacidad de los datos. Dado que los sistemas de IA a menudo dependen de grandes cantidades de datos personales, garantizar la privacidad y seguridad de estos datos es una preocupación ética importante. A medida que las violaciones de datos se hacen más comunes, las medidas y normativas sólidas de protección de datos se hacen cada vez más vitales.

De cara al futuro, la importancia de estas consideraciones éticas no hará sino aumentar. A medida que los sistemas de IA se vuelvan más autónomos, surgirán cuestiones de responsabilidad y autoridad para tomar decisiones. Por ejemplo, si un vehículo autónomo provoca un accidente, ¿quién es responsable? ¿El desarrollador de la IA? ¿El propietario del vehículo?

El camino hacia una IA ética es complejo y está lleno de retos. Sin embargo, es un viaje que la sociedad debe emprender. A medida que avanzamos, es esencial continuar estas conversaciones, fomentando el desarrollo de directrices, normativas y sistemas que promuevan el uso justo, transparente y responsable de la IA. A medida que avanzamos hacia el futuro de la IA y el aprendizaje automático, asegurémonos de que este futuro esté en consonancia con nuestros principios éticos colectivos.

La privacidad es una preocupación central en la era de la IA y los macrodatos. La capacidad de los sistemas de IA para recopilar, procesar y extraer información de grandes cantidades de datos personales tiene profundas implicaciones para la privacidad individual.

En la actual era digital, los datos son la nueva moneda. Cada interacción que tenemos en línea, cada servicio digital que utilizamos, genera datos. Estos datos, cuando son procesados por sofisticados algoritmos de IA, pueden revelar detalles íntimos sobre nuestras vidas, desde nuestras preferencias de consumo hasta nuestro estado de salud. Para las empresas, estos datos son una mina de oro, ya que permiten un marketing personalizado, un mejor servicio al cliente y decisiones empresariales más informadas.

Sin embargo, esta amplia recopilación y análisis de datos también plantea graves problemas de privacidad. Sin las salvaguardias adecuadas, los datos personales pueden utilizarse indebidamente o caer en manos equivocadas. Además, con la capacidad de la IA para hacer predicciones e inferencias, incluso los datos anónimos pueden utilizarse para identificar a personas.

Gobiernos y organizaciones de todo el mundo se enfrentan a estos retos, tratando de encontrar un equilibrio entre el aprovechamiento de las ventajas de la IA y la protección de la privacidad. Esta lucha ha llevado a la implementación de sólidas regulaciones de protección de datos, como el Reglamento General de Protección de Datos (GDPR) en la Unión Europea.

Estas normativas proporcionan a los individuos un mayor control sobre sus datos, incluido el derecho a saber cómo se utilizan sus datos, el derecho a acceder a sus datos y el derecho a que sus datos sean eliminados. Sin embargo, hacer cumplir esta normativa en el complejo paisaje sin fronteras del mundo digital es un reto importante.

Además, se están desarrollando tecnologías de preservación de la privacidad, como la privacidad diferencial y el cifrado homomórfico, para proteger los datos sin dejar de permitir el análisis de la IA. Estas tecnologías añaden ruido a los datos o permiten realizar cálculos sobre los datos cifrados, oscureciendo los puntos de datos individuales pero conservando los patrones generales.

De cara al futuro, es probable que la tensión entre IA y privacidad se intensifique. A medida que los sistemas de IA se vuelvan más sofisticados y el volumen de datos siga creciendo, mantener la privacidad será cada vez más difícil. Sin embargo, esta tensión también impulsa la innovación, estimulando el desarrollo de nuevas tecnologías y estrategias de preservación de la privacidad.

Mientras navegamos por este panorama en evolución, es crucial recordar que la privacidad no es sólo una cuestión técnica, sino un derecho humano fundamental. Como tal, la búsqueda de la innovación de la IA no debe producirse a costa de la privacidad. Por el contrario, debemos esforzarnos por desarrollar tecnologías de IA que respeten y defiendan este derecho, garantizando un futuro en el que la IA beneficie a toda la sociedad.

Mientras nos encontramos en la cúspide de lo que se conoce como la cuarta revolución industrial, impulsada por la rápida evolución del mundo de la IA y el aprendizaje automático, es natural que nos detengamos a contemplar cómo sería un mundo posterior a la IA. Al fin y al cabo, el poder transformador de la IA no se limita a unos pocos sectores o aspectos de nuestras vidas. Promete remodelar nuestro mundo de formas que apenas estamos empezando a comprender.

En el mundo posterior a la IA, la forma en que trabajamos, aprendemos, nos comunicamos e interactuamos con nuestro entorno podría cambiar significativamente. Los puestos de trabajo podrían no ser los mismos a medida que avancen las tecnologías de IA y automatización, lo que provocaría la desaparición de determinadas funciones y la aparición de otras nuevas. El aprendizaje continuo y la actualización de conocimientos podrían convertirse en la norma a medida que se acorte la vida útil de las competencias y aumente la demanda de conocimientos digitales.

La IA también podría revolucionar la asistencia sanitaria, convirtiendo la medicina personalizada en la norma asistencial. Las herramientas de diagnóstico impulsadas por la IA podrían identificar enfermedades incluso antes de que aparezcan los síntomas, mientras que el descubrimiento de fármacos impulsado por la IA podría conducir al desarrollo de tratamientos eficaces para enfermedades actualmente incurables.

En el ámbito de la comunicación y el entretenimiento, podríamos asistir a un cambio radical hacia experiencias más interactivas y personalizadas. Los asistentes virtuales impulsados por la IA podrían dejar de ser dispositivos reactivos para convertirse en compañeros proactivos que entiendan nuestras preferencias y se anticipen a nuestras necesidades.

La conservación del medio ambiente también podría beneficiarse considerablemente de la IA. Los algoritmos avanzados de IA podrían predecir y responder a los cambios medioambientales más rápidamente que los humanos, ayudándonos a abordar problemas como el cambio climático y la pérdida de biodiversidad con mayor eficacia.

Sin embargo, a medida que avanzamos hacia este futuro basado en la IA, es esencial tener en cuenta los posibles retos y problemas éticos que podrían surgir. Habrá que abordar cuestiones relacionadas con la privacidad, la seguridad, el desplazamiento de puestos de trabajo y la brecha digital. Además, a medida que los sistemas de IA se vuelvan más autónomos, será crucial establecer directrices claras de responsabilidad y control.

En última instancia, el objetivo no debería ser crear un mundo en el que la IA sustituya a los humanos, sino uno en el que la IA mejore las capacidades humanas y enriquezca nuestras vidas. Para garantizar que los beneficios de la IA se compartan ampliamente y que nadie se quede atrás en este futuro impulsado por la IA, será necesario un esfuerzo consciente y una elaboración de políticas meditada. En definitiva, el mundo posterior a la IA no es una conclusión inevitable, sino un proceso en curso. Dependerá de nuestras acciones y decisiones de hoy. En los albores de esta nueva era, nos corresponde a nosotros guiar el desarrollo de la IA de forma que se ajuste a nuestros valores y aspiraciones y cree un futuro beneficioso para todos.

CONCLUSIÓN

El viaje a través del panorama de la inteligencia artificial ha sido complejo y esclarecedor, y ha suscitado tantas preguntas como respuestas. A medida que hemos profundizado en las distintas facetas de la IA, desde su nacimiento y evolución hasta sus aplicaciones actuales y potenciales, queda claro que no sólo estamos observando una revolución tecnológica: estamos viviendo en medio de ella.

La revolución de la IA no está en el horizonte, está aquí. Está dando forma a nuestro mundo, ahora mismo, de forma tangible y profunda. Está en la forma en que trabajamos, en la forma en que nos comunicamos e incluso en la forma en que entendemos e interactuamos con el mundo que nos rodea.

Sin embargo, la revolución de la IA no está exenta de desafíos. Su poder transformador viene acompañado de una oleada de dilemas éticos y preocupaciones prácticas que hay que sortear con cuidado. Preocupación por la privacidad, desplazamiento de puestos de trabajo, brechas digitales, riesgos para la seguridad... son sólo algunas de las cuestiones que el auge de la IA saca a la luz.

A pesar de estos retos, la promesa de la IA es demasiado importante como para ignorarla o temerla. Es una herramienta y, como cualquier herramienta, su impacto depende de cómo decidamos utilizarla. La IA tiene el potencial de transformar industrias, elevar nuestra calidad de vida y abordar algunos de los retos más complejos de nuestro tiempo. Pero hacer realidad este potencial requiere un compromiso activo: debemos guiar su crecimiento e integración en nuestra sociedad de forma deliberada y reflexiva.

Abrazar la revolución de la IA no significa rendirse a las máquinas ni renunciar a nuestra humanidad. Al contrario, se trata de aprovechar el poder de la IA para aumentar nuestras capacidades, ampliar nuestros horizontes y allanar el camino hacia un futuro que refleje lo mejor que pueden ofrecer tanto los seres humanos como la tecnología.

Estamos en el umbral de una nueva era y se nos ha confiado una oportunidad extraordinaria. Los albores de la revolución de la IA son una llamada a la acción: una llamada a aprender, a adaptarnos y a dar forma al curso de nuestro futuro.

La historia de la IA aún se está escribiendo y todos tenemos un papel que desempeñar en su desarrollo. Asegurémonos de escribir una historia que no sólo celebre la innovación tecnológica, sino que también honre nuestros valores compartidos y nuestra humanidad. Adoptemos la revolución de la IA y convirtámosla en un futuro del que todos podamos sentirnos orgullosos.

ACERCA DEL AUTOR

Alejandro Luz

Alejandro Luz es mucho más que un autor en el campo de la inteligencia artificial; es un visionario que ha dedicado su vida a desmitificar los conceptos complejos que rodean a esta tecnología emergente. Nacido en la ciudad de Buenos Aires, Alejandro comenzó su trayectoria académica en la Universidad de Buenos Aires, donde se destacó en ciencias de la computación antes de recibir una beca para continuar sus estudios en el MIT, una de las instituciones más prestigiosas del mundo en tecnología e innovación.

Su libro, "Aprovechar la revolución de la IA: Desvelar los secretos ocultos del aprendizaje automático," no es solo una guía técnica, sino un manual de inspiración que muestra cómo la inteligencia artificial puede ser aplicada de manera práctica en diversas industrias. El libro es un tesoro de conocimientos que compila años de investigación y experiencia práctica, ofreciendo una visión integral de cómo se pueden usar las tecnologías de aprendizaje automático para resolver problemas reales del mundo.

Alejandro no se contenta con explicar los algoritmos y la ciencia de datos; se sumerge en los aspectos éticos y sociales de la inteligencia artificial, una dimensión a menudo pasada por alto pero crucial para entender el impacto de esta tecnología en la sociedad. Además, tiene la habilidad de conectarse con una audiencia amplia, desde expertos en tecnología hasta personas que recién se están iniciando en el campo. Su estilo de escritura es accesible, claro y, sobre todo, apasionante, lo que hace que el lector se sienta como si estuviera en una conversación estimulante con el autor.

Uno de los aspectos más impresionantes de la carrera de Alejandro es su compromiso con la educación. Ha sido profesor en diversas instituciones de renombre, incluida su alma máter, el MIT, y ha liderado múltiples proyectos de investigación que han sido fundamentales para el avance de la inteligencia artificial. Asimismo, ha trabajado en estrecha colaboración con empresas y organizaciones gubernamentales, asesorando sobre cómo implementar soluciones basadas en inteligencia artificial de manera ética y efectiva.

Es fácil ver por qué Alejandro Luz es un referente en el campo. A través de su enfoque holístico y humanista, logra romper las barreras que suelen separar la tecnología de las personas. Este enfoque equilibrado se refleja no solo en su escritura, sino también en sus charlas y consultorías, donde combina una profunda comprensión técnica con consideraciones éticas y pragmáticas.

No es exagerado decir que Alejandro Luz ha cambiado la forma en que pensamos sobre la inteligencia artificial. Sus contribuciones al campo van más allá de la mera instrucción técnica, y han influido en cómo los responsables de la toma de decisiones, los empresarios y el público en general perciben y entienden la inteligencia artificial. Es un embajador de la tecnología, pero también un filósofo de la era digital, alguien que entiende las posibilidades y limitaciones de la IA, y que nos insta a utilizarla como una herramienta para mejorar la humanidad en su conjunto.

www.ingramcontent.com/pod-product-compliance
Lightning Source LLC
LaVergne TN
LVHW051716050326
832903LV00032B/4233